GO MATH!

¡VIVAN LAS MATEMÁTICAS!

Hecho en los Estados Unidos
Impreso en papel reciclado

Houghton Mifflin Harcourt

GO MATH!

¡VIVAN LAS MATEMÁTICAS!

Printed in the U.S.A.

ISBN 978-0-544-67753-1

8 9 10 0928 24 23 22 21 20

4500794189 B C D E F G

Estimados estudiantes y familiares:

Bienvenidos a **Go Math! ¡Vivan las matemáticas!** para 2do. grado. En este estimulante programa de matemáticas, encontrarán actividades prácticas y problemas de la vida diaria que tendrán que resolver. Y lo mejor de todo es que podrán escribir sus ideas y respuestas directamente en el libro. El hecho de que puedan escribir y dibujar en las páginas, les ayudará a percibir más detalladamente lo que están aprendiendo y las matemáticas serán fáciles de entender.

También deseamos compartir con ustedes algo muy importante: se ha usado papel reciclado en la impresión de este libro. Queremos que sepan que al participar en el programa **Go Math! ¡Vivan las matemáticas!** ustedes estarán ayudando a proteger el medio ambiente.

Atentamente,
Los autores

Hecho en los Estados Unidos
Impreso en papel reciclado

GO MATH!

¡VIVAN LAS MATEMÁTICAS!

Autores

Juli K. Dixon, Ph.D.
Professor, Mathematics Education
University of Central Florida
Orlando, Florida

Edward B. Burger, Ph.D.
President, Southwestern University
Georgetown, Texas

Steven J. Leinwand
Principal Research Analyst
American Institutes for Research (AIR)
Washington, D.C.

Matthew R. Larson, Ph.D.
K-12 Curriculum Specialist for Mathematics
Lincoln Public Schools
Lincoln, Nebraska

Martha E. Sandoval-Martinez
Math Instructor
El Camino College
Torrance, California

Colaboradora

Rena Petrello
Professor, Mathematics
Moorpark College
Moorpark, California

Consultores de English Language Learners

Elizabeth Jiménez
CEO, GEMAS Consulting
Professional Expert on English Learner Education
Bilingual Education and Dual Language
Pomona, California

Suma y resta

Área de atención

Estándares comunes **Área de atención** Desarrollar la fluidez con la suma y la resta

APRENDE EN LÍNEA

¡Aprende en línea! Tus lecciones de matemáticas son interactivas. Usa iTools, Modelos matemáticos animados y el Glosario multimedia entre otros.

Presentación del Capítulo 5

En este capítulo, explorarás y descubrirás las respuestas a las siguientes **Preguntas esenciales**:

- ¿Cómo usas el valor posicional para restar números de 2 dígitos con o sin reagrupación?
- ¿Cómo puedes separar números para ayudarte a resolver un problema de resta?
- ¿Qué pasos usas para resolver problemas de resta de 2 dígitos?
- ¿De qué formas puedes hacer un modelo, mostrar y resolver problemas de resta?

Entrenador personal en matemáticas
Evaluación e intervención en línea

PRACTICA MÁS CON EL
Entrenador personal en matemáticas

Práctica y tarea

Repaso de la lección y Repaso en espiral en cada lección

Capítulo 5

Resta de 2 dígitos

Piensa como matemático

Hay cientos de tipos de libélulas. Si hay 52 libélulas en un jardín y 10 se van volando, ¿cuántas libélulas quedan? ¿Cuántas quedan si se van volando 10 más?

Nombre ______________________________

Muestra lo que sabes

Entrenador personal en matemáticas
Evaluación e intervención en línea

Patrones de resta

Resta 2. Completa cada enunciado de resta. (1.OA.A.1)

1. 7 − 2 = 5
2. 6 − ____ = ____
3. 5 − ____ = ____
4. 4 − ____ = ____
5. 3 − ____ = ____
6. 2 − ____ = ____

Operaciones de resta

Escribe la diferencia. (1.OA.C.6)

7. $\begin{array}{r} 8 \\ -\ 5 \\ \hline \end{array}$
8. $\begin{array}{r} 14 \\ -\ 6 \\ \hline \end{array}$
9. $\begin{array}{r} 9 \\ -\ 6 \\ \hline \end{array}$
10. $\begin{array}{r} 16 \\ -\ 7 \\ \hline \end{array}$
11. $\begin{array}{r} 12 \\ -\ 6 \\ \hline \end{array}$
12. $\begin{array}{r} 10 \\ -\ 8 \\ \hline \end{array}$

Decenas y unidades

Escribe cuántas decenas y unidades hay en cada modelo. (1.NBT.B.2b)

13. 54

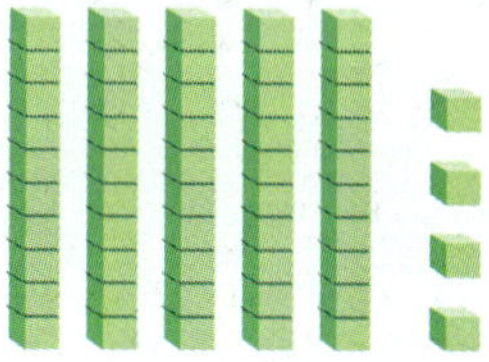

_____ decenas _____ unidades

14. 45

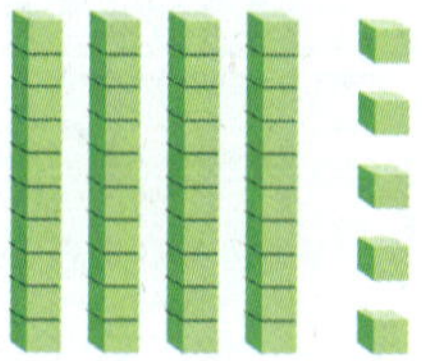

_____ decenas _____ unidades

Esta página es para verificar la comprensión de destrezas importantes que se necesitan para tener éxito en el Capítulo 5.

Nombre ______________________

Desarrollo del vocabulario

Palabras de repaso

- diferencia
- reagrupar
- decenas
- unidades
- dígito

Visualízalo

Completa las casillas del organizador gráfico.

diferencia

Descríbelo.

____

____

Ejemplos

$10 - 4 = 6$

____

____

No son ejemplos

$4 + 6 = 10$

____

____

Comprende el vocabulario

Dibuja una línea para completar el enunciado.

1. Un **dígito** puede ser •
2. Puedes **reagrupar** •
3. 20 **unidades** son lo mismo •

- • que 2 **decenas.**
- • 0, 1, 2, 3, 4, 5, 6, 7, 8 o 9.
- • para cambiar 10 unidades por 1 decena.

APRENDE EN LÍNEA

- **Libro interactivo del estudiant**
- **Glosario multimedia**

Capítulo 5

Juego Búsqueda de restas

Materiales

- 3 conjuntos de tarjetas con números 4-9
- 18 (fichas rojas)

Juega con un compañero.

1. Baraja todas las tarjetas. Colócalas boca abajo en una pila.
2. Toma una tarjeta. Halla un cuadrado con un problema de resta que tenga este número como diferencia. Tu compañero comprueba tu respuesta.
3. Si estás en lo cierto, coloca una (ficha roja) en ese cuadrado. Si no hay coincidencia, pasa tu turno.
4. Túrnense. El primer jugador que tenga (fichas rojas) en todos los cuadrados es el ganador.

Jugador 1

12 − 5	9 − 2	10 − 5
16 − 7	13 − 7	17 − 9
7 − 3	11 − 5	18 − 9

Jugador 2

8 − 3	15 − 7	11 − 6
17 − 8	9 − 3	16 − 8
13 − 9	6 − 2	14 − 7

Vocabulario del Capítulo 5

columna column 10	**decenas** tens 18
diferencia difference 20	**dígito** digit 21
es igual a is equal to (=) 25	**reagrupar** regroup 55
sumandos addends 60	**unidades** ones 64

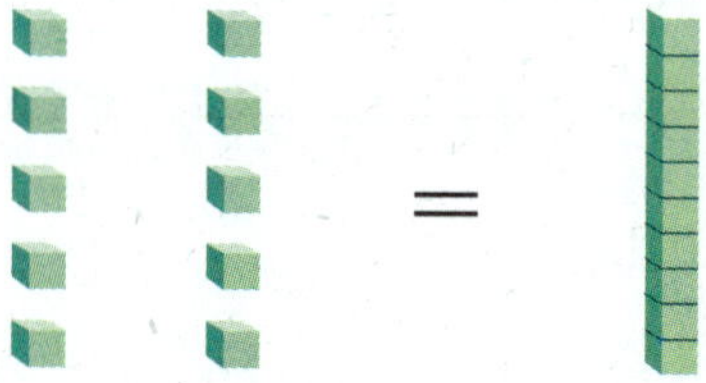

10 unidades = 1 decena

columna

$$\begin{array}{r} 33 \\ 34 \\ +\ 32 \\ \hline \end{array}$$

0, 1, 2, 3, 4, 5, 6, 7, 8, y 9 son **dígitos**.

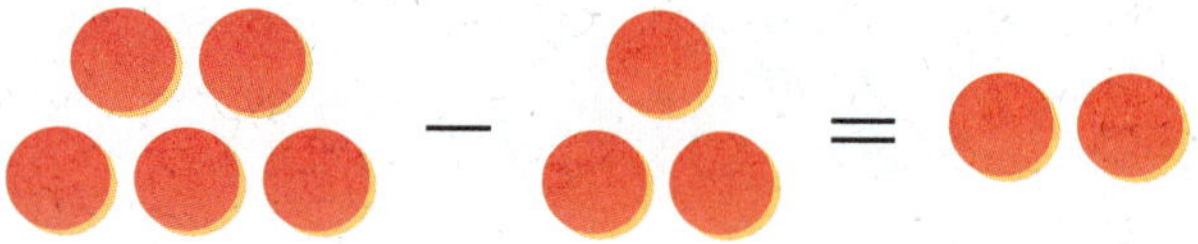

5 − 3 = 2

diferencia

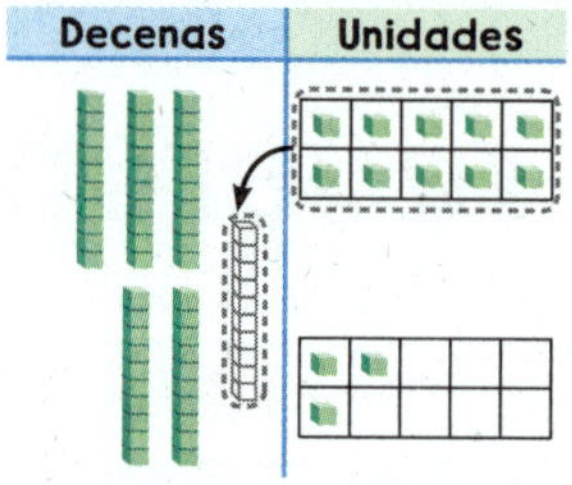

Puedes cambiar 10 unidades por 1 decena para **reagrupar**.

2 más 1 es igual a 3

2 + 1 = 3

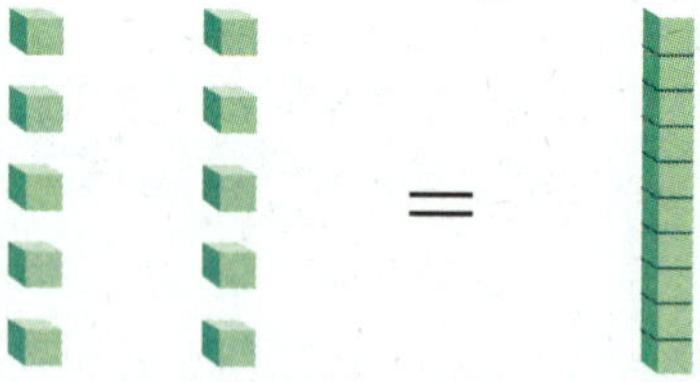

10 unidades = 1 decena

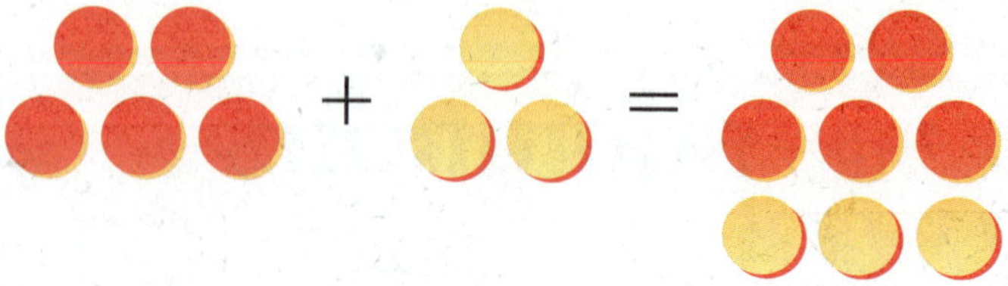

5 + 3 = 8

sumandos

¡BINGO!

Recuadro de palabras

- columna
- decena
- diferencia
- dígito
- es igual a (=)
- reagrupar
- sumando
- unidades

Jugadores: 3 a 6

Materiales

- 1 juego de tarjetas de palabras
- 1 tablero de Bingo para cada jugador
- fichas de juego

Instrucciones

1. El encargado del juego elige una tarjeta de palabras y lee la palabra. Luego el encargado del juego coloca la tarjeta de palabras en una segunda pila.
2. Los jugadores colocan una ficha sobre la palabra cada vez que la encuentren en sus tableros de Bingo.
3. Se repiten los pasos 1 y 2 hasta que un jugador marque 5 casillas ya sea en línea vertical, horizontal u oblicua y grite "¡Bingo!"
4. Comprueben las respuestas. Pidan al jugador que dijo "¡Bingo!" que lea las palabras en voz alta mientras el encargado del juego comprueba las tarjetas de palabras de la segunda pila.

Escríbelo

Reflexiona

Elige una idea. Escribe acerca de la idea en el espacio de abajo.

- Explica de qué manera los dibujos rápidos te ayudan a sumar números de 2 dígitos.
- Di todas las diferentes maneras en que puedes sumar números de 2 dígitos.
- Escribe sobre alguna ocasión en que ayudaste a explicar algo a un compañero. ¿Qué no entendía tu compañero? ¿Qué hiciste para ayudarlo?

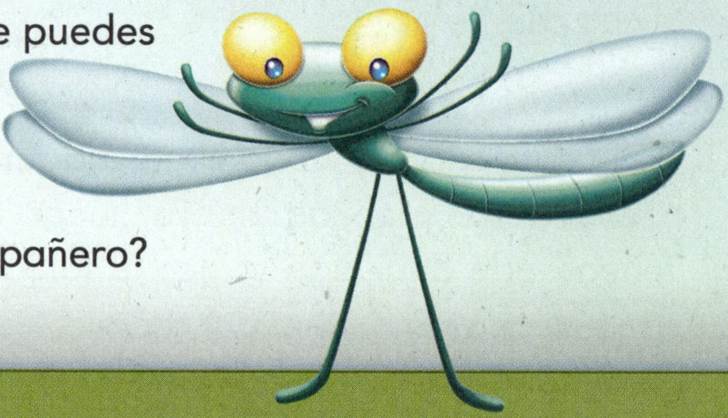

Nombre ______________________________

Álgebra • Separar unidades para restar

Pregunta esencial ¿Cómo separar un número hace que sea más fácil restar?

Estándares comunes
Números y operaciones en base diez—2.NBT.B.5

PRÁCTICAS MATEMÁTICAS
MP1, MP5, MP6

Escucha y dibuja

Escribe dos sumandos para cada total.

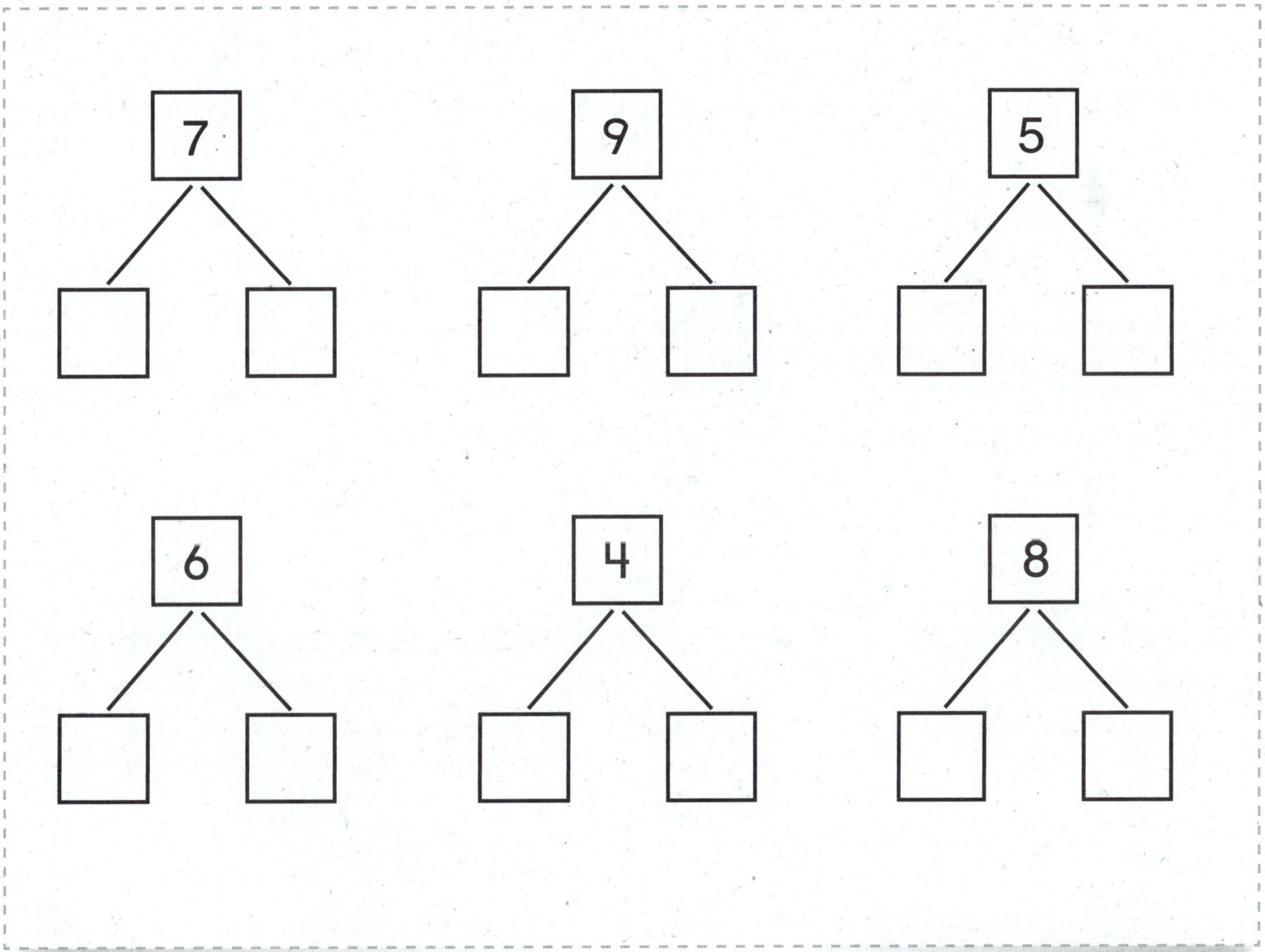

Charla matemática

PRÁCTICAS MATEMÁTICAS 6

Describe cómo elegiste sumandos para cada suma.

PARA EL MAESTRO • Después de que los niños anoten sumandos para cada suma, comente con la clase las diferentes operaciones que los niños representaron en sus hojas.

Representa y dibuja

Separa las unidades. Resta en dos pasos.

63 − 7 = ■

3 4

Comienza en 63. Resta 3 para llegar a 60. Luego resta 4 más.

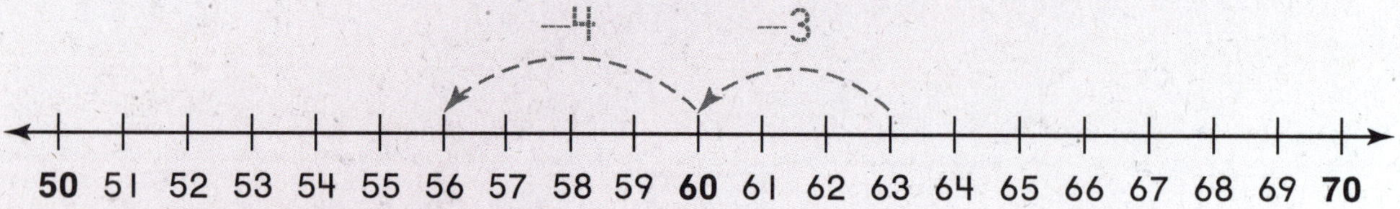

Por lo tanto, 63 − 7 = ______.

Comparte y muestra

MATH BOARD

Separa las unidades para restar. Escribe la diferencia.

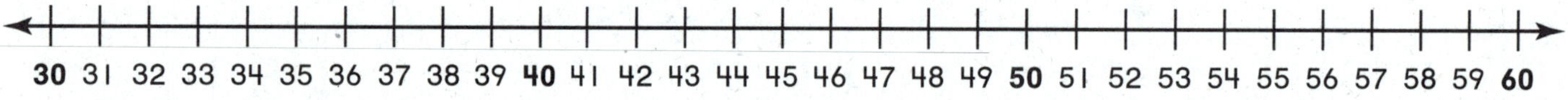

1. 55 − 8 = ______

5 3

2. 42 − 5 = ______

2 3

3. 41 − 9 = ______

4. 53 − 6 = ______

5. 44 − 7 = ______

6. 52 − 8 = ______

Nombre ____________________

Por tu cuenta

MATH BOARD

Separa las unidades para restar. Escribe la diferencia.

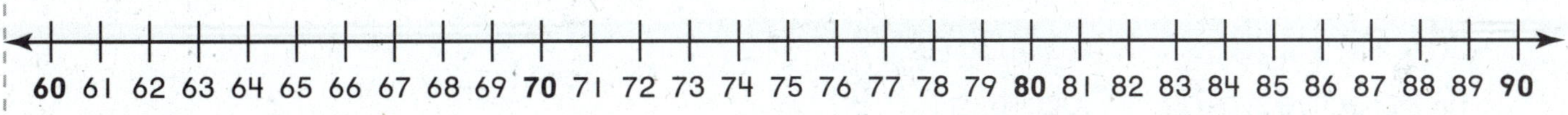

7. 75 − 7 = ______

8. 86 − 8 = ______

9. 82 − 5 = ______

10. 83 − 7 = ______

11. 72 − 7 = ______

12. 76 − 9 = ______

13. 85 − 8 = ______

14. 71 − 6 = ______

15. **PIENSA MÁS** Cheryl trajo 27 rosquillas para la venta de platos hechos al horno. Mike trajo 24 rosquillas. Vendieron todas menos 9. ¿Cuántas rosquillas vendieron?

______ rosquillas

16. **PRÁCTICA MATEMÁTICA 1** **Analiza** Lexi tiene 8 crayones menos que Ken. Ken tiene 45 crayones. ¿Cuántos crayones tiene Lexi?

______ crayones

Resolución de problemas • Aplicaciones En el mundo

ESCRIBE Matemáticas

Escribe o dibuja para explicar.

17. Cheryl construyó un trencito con 27 vagones. Luego agregó 18 vagones más. ¿Cuántos vagones tiene el trencito ahora?

_______ vagones

18. PRÁCTICA MATEMÁTICA 1 **Analiza** Samuel tenía 46 canicas. Dio algunas canicas a un amigo y le quedan 9 canicas. ¿Cuántas canicas dio Samuel a su amigo?

_______ canicas

19. PIENSA MÁS Matthew tenía 73 bloques. Dio 8 bloques a su hermana. ¿Cuántos bloques tiene Matthew ahora?

Escribe o haz un dibujo para mostrar cómo resolver el problema.

Matthew tiene _______ bloques ahora.

ACTIVIDAD PARA LA CASA • Pida a su niño que describa cómo hallar 34 – 6.

Nombre ______________________________

Álgebra • Separar unidades para restar

Estándares comunes

ESTÁNDARES COMUNES—2.NBT.B.5
Utilizan el valor posicional y las propiedades de las operaciones para sumar y restar.

Separa las unidades para restar.
Escribe la diferencia.

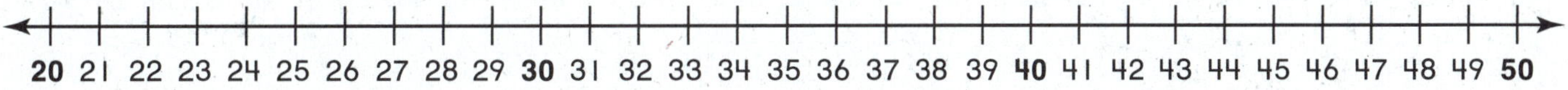

1. 36 − 7 = ____

2. 35 − 8 = ____

3. 37 − 9 = ____

4. 41 − 6 = ____

5. 44 − 5 = ____

6. 33 − 7 = ____

7. 32 − 4 = ____

8. 31 − 6 = ____

Resolución de problemas En el mundo

Elige una manera de resolver. Escribe o dibuja la explicación.

9. Beth tiene 44 canicas. Le regala 9 canicas a su hermano. ¿Cuántas canicas tiene Beth ahora?

____ canicas

10. ESCRIBE **Matemáticas** Dibuja una recta numérica y muestra cómo hallar la diferencia entre 24 − 6 usando el método de separar de esta lección.

Repaso de la lección (2.NBT.B.5)

1. ¿Cuál es la diferencia?

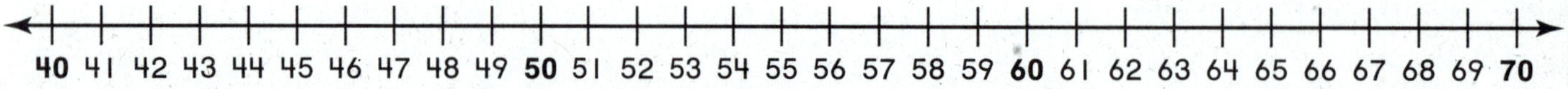

58 − 9 = ____

Repaso en espiral (2.OA.B.2, 2.NBT.B.6)

2. ¿Cuál es la diferencia?

14 − 6 = ____

3. ¿Cuál es la suma?

3 + 6 + 2 = ____

4. ¿Cuál es la suma?

64 + 7 = ____

5. ¿Cuál es la suma?

56 + 18 = ____

PRACTICA MÁS CON EL
Entrenador personal en matemáticas

Nombre ________________________________

Álgebra • Separar números para restar

Pregunta esencial ¿Por qué es más fácil restar si separamos un número?

Estándares comunes **Números y operaciones en base diez—2.NBT.B.5**

PRÁCTICAS MATEMÁTICAS
MP1, MP5, MP6

Escucha y dibuja En el mundo

Dibuja saltos en la recta numérica para mostrar cómo separar el número para restar.

30 31 32 33 34 35 36 37 38 39 **40** 41 42 43 44 45 46 47 48 49 **50** 51 52 53 54 55 56 57 58 59 **60**

50 51 52 53 54 55 56 57 58 59 **60** 61 62 63 64 65 66 67 68 69 **70** 71 72 73 74 75 76 77 78 79 **80**

40 41 42 43 44 45 46 47 48 49 **50** 51 52 53 54 55 56 57 58 59 **60** 61 62 63 64 65 66 67 68 69 **70**

PARA EL MAESTRO • Lea el siguiente problema. Pida a los niños que dibujen saltos en la recta numérica para resolver. La Sra. Hill tenía 45 pinceles. Dio 9 pinceles a los estudiantes de su clase de arte. ¿Cuántos pinceles tiene la Sra. Hill ahora? Repita el mismo problema con 72 – 7 y 53 – 6.

Charla matemática

PRÁCTICAS MATEMÁTICAS 6

Describe un método Describe lo que hiciste en alguno de los problemas.

Representa y dibuja

Separa el número que restas en decenas y unidades.

Resta 10.
Luego, resta 2 para llegar a 60.
Luego resta 5 más.

72 − 17 = ■

10 7

2 5

10 + 2 + 5 = 17

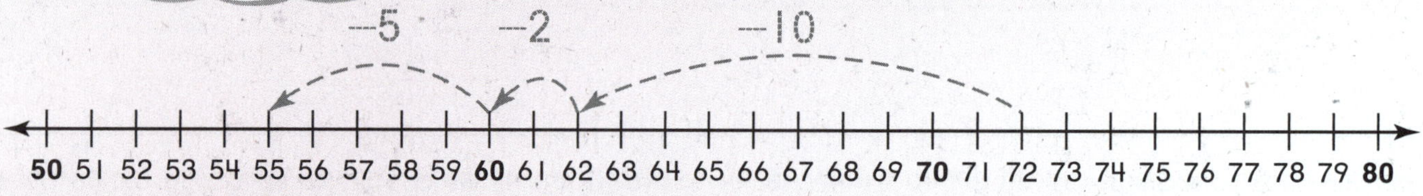

Por lo tanto, 72 − 17 = ______.

Comparte y muestra

MATH BOARD

Separa el número que restas.
Escribe la diferencia.

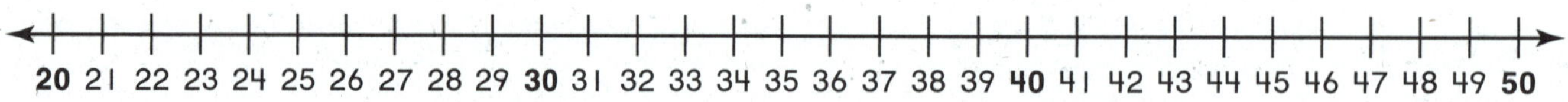

1. 43 − 18 = ______

10 8

3 5

2. 45 − 14 = ______

10 4

3. 46 − 17 = ______

4. 44 − 16 = ______

Nombre ______________________________

Por tu cuenta — MATH BOARD

Separa el número que restas.
Escribe la diferencia.

40 41 42 43 44 45 46 47 48 49 **50** 51 52 53 54 55 56 57 58 59 **60** 61 62 63 64 65 66 67 68 69 **70**

5. 57 − 15 = ______

6. 63 − 17 = ______

7. 68 − 19 = ______

8. 61 − 18 = ______

9. PIENSA MÁS Jane tiene 53 juguetes en una caja. Saca algunos. Ahora quedan 36 juguetes en la caja. ¿Cuántos juguetes sacó Jane de la caja?

______ juguetes

10. MÁS AL DETALLE Observa los pasos de Tom para resolver un problema. Resuelve este problema de la misma manera.

42 − 15 = ?

Tom

35 − 18 = ?

35 − 10 = 25
25 − 5 = 20
20 − 3 = 17

Resolución de problemas • Aplicaciones En el mundo

ESCRIBE Matemáticas

11. Hay 38 personas en la biblioteca. Luego entran a la biblioteca 33 personas más. ¿Cuántas personas hay en la biblioteca ahora?

_______ personas

12. PRÁCTICA MATEMÁTICA 1 **Analiza** Alex tiene 24 juguetes en un baúl. Saca algunos juguetes del baúl. Luego hay 16 juguetes en el baúl. ¿Cuántos juguetes sacó del baúl?

_______ juguetes

13. PIENSA MÁS Gail tiene dos pilas de papeles. Hay 32 papeles en la primera pila. Hay 19 papeles en la segunda pila. ¿Cuántos papeles más hay en la primera pila que en la segunda pila?

_______ papeles más

Escribe o haz un dibujo para explicar cómo resolviste el problema.

ACTIVIDAD PARA LA CASA • Pida a su niño que escriba un problema de resta que tenga números de 2 dígitos.

Nombre ______________________

Álgebra • Separar números para restar

ESTÁNDARES COMUNES—2.NBT.5
Utilizan el valor posicional y las propiedades de las operaciones para sumar y restar.

Separa el número que restas.
Escribe la diferencia.

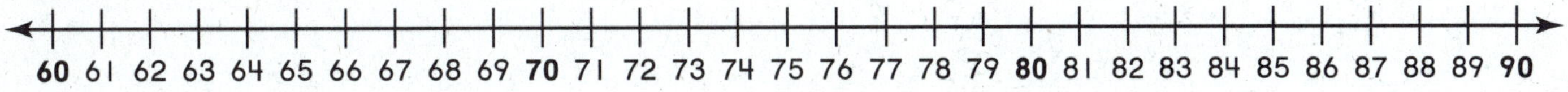

1. 81 − 14 = ____

2. 84 − 16 = ____

3. 77 − 14 = ____

4. 83 − 19 = ____

5. 81 − 17 = ____

6. 88 − 13 = ____

7. 84 − 19 = ____

8. 86 − 18 = ____

Resolución de problemas

En el mundo

Resuelve. Escribe o dibuja la explicación.

9. El Sr. Pearce compró 43 plantas. Le dio 14 plantas a su hermana. ¿Cuántas plantas tiene el Sr. Pearce ahora?

____ plantas

10. ESCRIBE **Matemáticas** Dibuja una recta numérica y muestra cómo hallar la diferencia entre 36 – 17. Usa el método de separar de esta lección.

Repaso de la lección (2.NBT.B.5)

1. ¿Cuál es la diferencia?

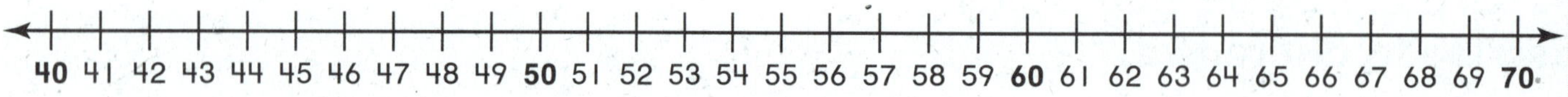

$63 - 19 =$ ____

Repaso en espiral (2.OA.A.1, 2.OA.B.2, 2.NBT.B.6)

2. ¿Cuál es la suma?

$$\begin{array}{r} 14 \\ +\ 23 \\ \hline \end{array}$$

3. ¿Cuál es la suma?

$8 + 7 =$ ____

4. Escribe una operación de resta relacionada para $6 + 8 = 14$.

____

5. John tiene 7 cometas. Annie tiene 4 cometas ¿Cuántas cometas tienen en total?

____ cometas

Nombre ____________________

Reagrupar modelos para restar

Pregunta esencial ¿Cuándo reagrupas en la resta?

Estándares comunes **Números y operaciones en base diez—2.NBT.B.5**

PRÁCTICAS MATEMÁTICAS
MP5, MP6, MP7

Escucha y dibuja En el mundo

Manos a la obra

Usa para representar el problema.
Haz dibujos rápidos para mostrar tu modelo.

Decenas	Unidades

Charla matemática

PRÁCTICAS MATEMÁTICAS 6

Describe por qué cambiaste un bloque de decenas por 10 bloques de unidades.

PARA EL MAESTRO • Lea el siguiente problema. Michelle contó 21 mariposas en su jardín. Luego 7 mariposas se fueron volando. ¿Cuántas mariposas quedaron en el jardín?

Representa y dibuja

¿Cómo restas 26 de 53?

Paso 1 Muestra 53. ¿Hay unidades suficientes para restar 6?

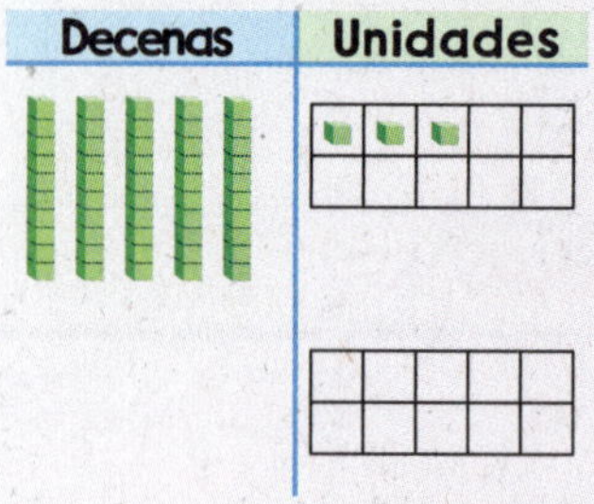

sí   no

Paso 2 Si no hay suficientes unidades, reagrupa 1 decena como 10 unidades.

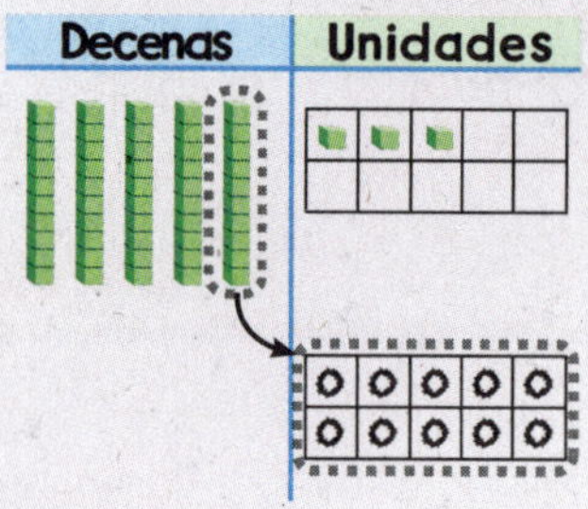

Paso 3 Resta 6 unidades de 13 unidades.

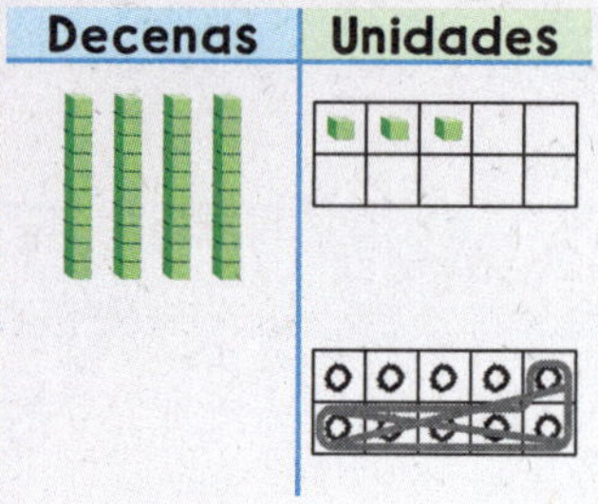

Paso 4 Resta las decenas. Escribe las decenas y las unidades. Escribe la diferencia.

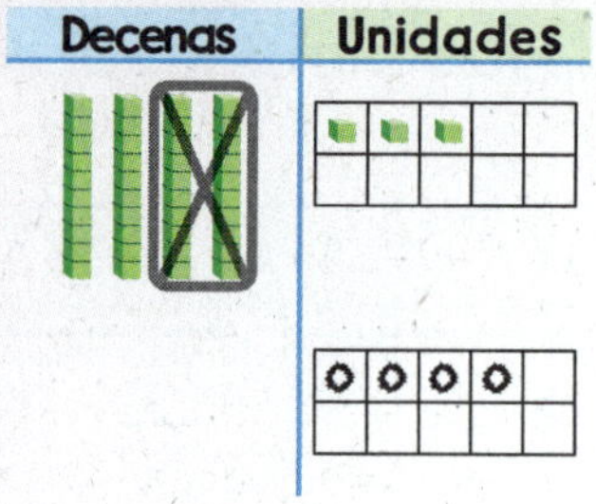

____ decenas

____ unidades

____

Comparte y muestra MATH BOARD

Dibuja para mostrar la reagrupación. Escribe la diferencia de dos maneras. Escribe las decenas y las unidades. Escribe el número.

1. Resta 13 de 41.

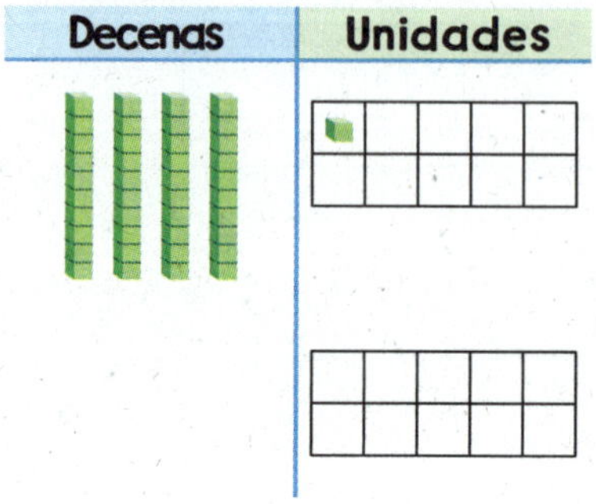

_____ decenas

_____ unidades

____

2. Resta 9 de 48.

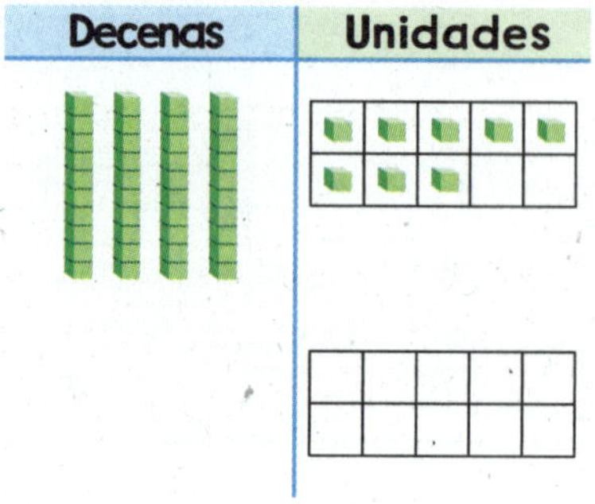

_____ decenas

_____ unidades

____

3. Resta 28 de 52.

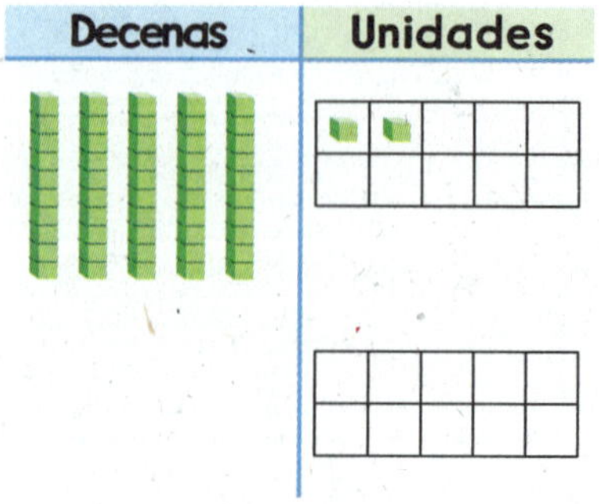

_____ decenas

_____ unidades

____

Nombre ______________________________

Por tu cuenta MATH BOARD

Dibuja para mostrar la reagrupación. Escribe la diferencia de dos maneras. Escribe las decenas y las unidades. Escribe el número.

4. Resta 8 de 23.

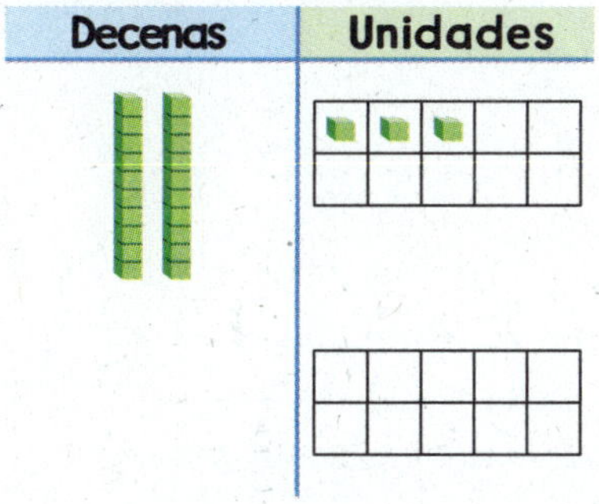

_____ decena

_____ unidades

____

5. Resta 36 de 45.

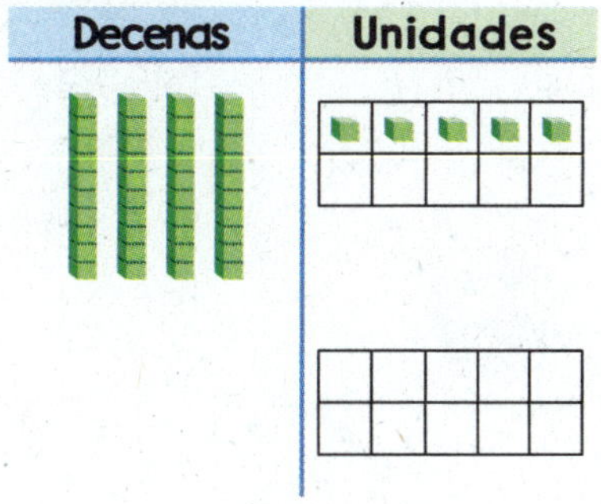

_____ decenas

_____ unidades

____

6. Resta 6 de 43.

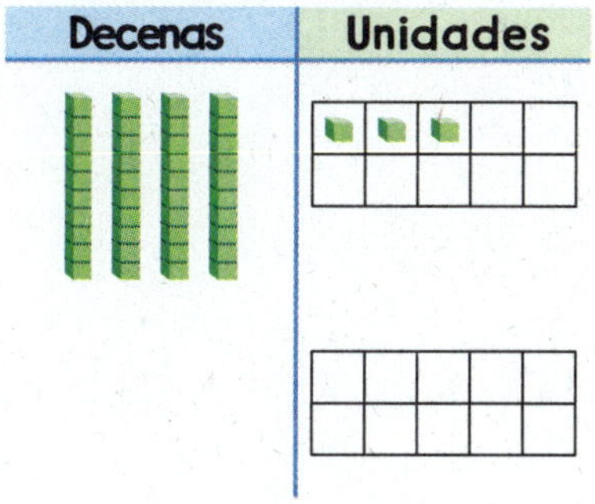

_____ decenas

_____ unidades

____

7. Resta 39 de 67.

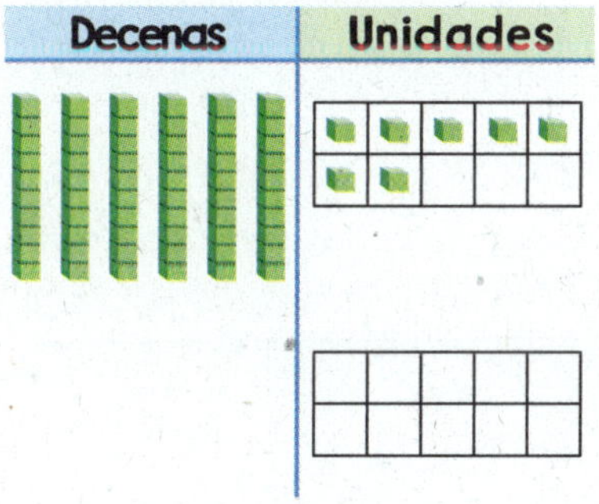

_____ decenas

_____ unidades

____

8. Resta 21 de 50.

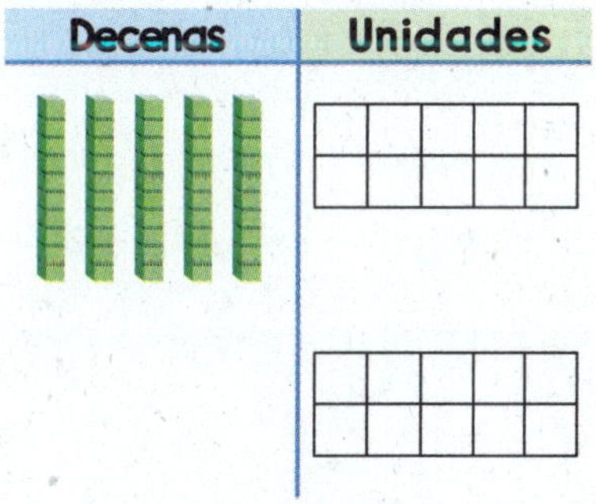

_____ decenas

_____ unidades

____

9. Resta 29 de 56.

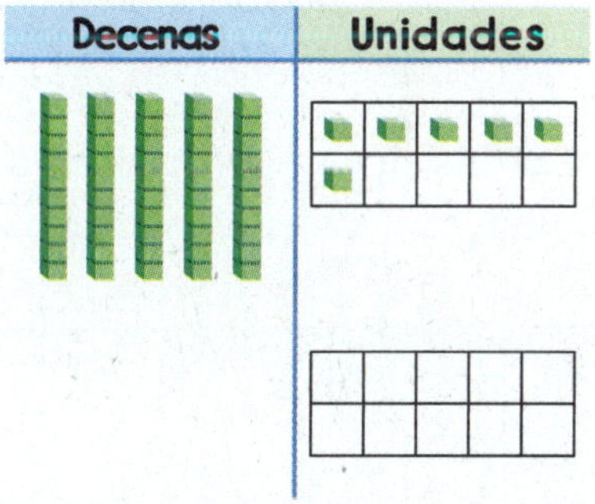

_____ decenas

_____ unidades

____

10. MÁS AL DETALLE Dibuja para hallar qué número se restó de 53.

Resta _______ de 53.

3 decenas 4 unidades

34

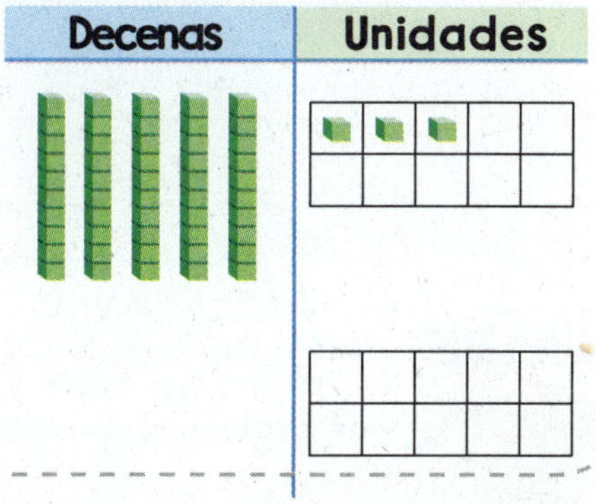

Resolución de problemas • Aplicaciones En el mundo

ESCRIBE Matemáticas

Escribe o dibuja para explicar.

11. PIENSA MÁS Billy tiene 18 canicas menos que Sara. Sara tiene 34 canicas. ¿Cuántas canicas tiene Billy?

_______ canicas

Entrenador personal en matemáticas

12. PIENSA MÁS + Había 67 animales de juguete en la tienda. El vendedor vendió 19 animales de juguete. ¿Cuántos animales de juguete hay en la tienda ahora?

Haz un dibujo para mostrar cómo hallaste la respuesta.

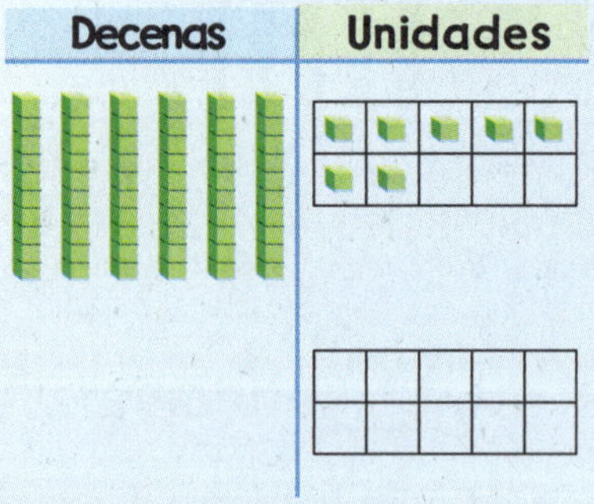

_______ animales de juguete

Describe cómo resolviste el problema.

____

____

____

ACTIVIDAD PARA LA CASA • Pida a su niño que escriba un problema de resta y luego explique cómo resolverlo.

Nombre ______________________________

Práctica y tarea
Lección 5.3

Reagrupar modelos para restar

ESTÁNDARES COMUNES—2.NBT.5
Utilizan el valor posicional y las propiedades de las operaciones para sumar y restar.

Dibuja para mostrar la reagrupación. Escribe la diferencia de dos maneras. Escribe las decenas y las unidades. Escribe el número.

1. Resta 9 de 35.

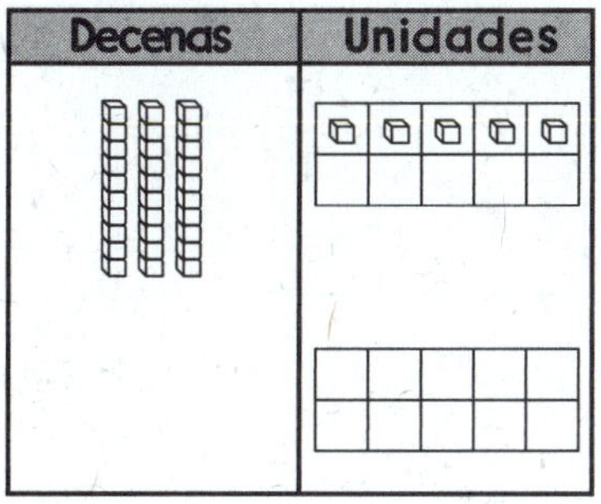

_____ decenas _____ unidades

_____

2. Resta 14 de 52.

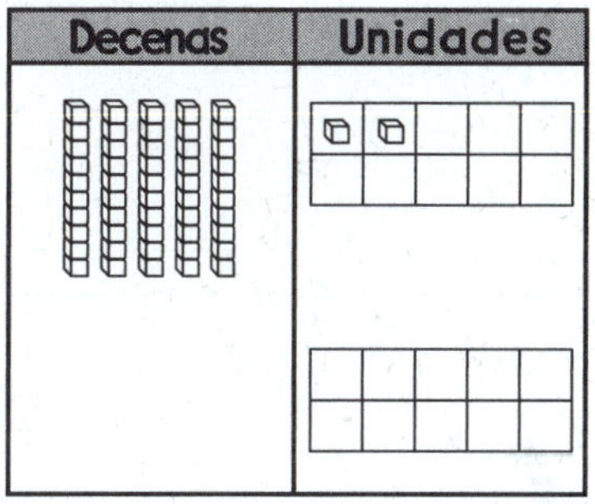

_____ decenas _____ unidades

_____

Resolución de problemas En el mundo

Elige una manera de resolver. Escribe o dibuja la explicación.

3. El Sr. Ortega hizo 51 galletas. Regaló 14 galletas. ¿Cuántas galletas tiene ahora?

_____ galletas

4. ESCRIBE Matemáticas Haz un dibujo rápido para 37. Haz un dibujo para mostrar cómo restarías 19 de 37. Escribe para explicar lo que hiciste.

Repaso de la lección (2.NBT.B.5)

1. Resta 9 de 36. ¿Cuál es la diferencia?

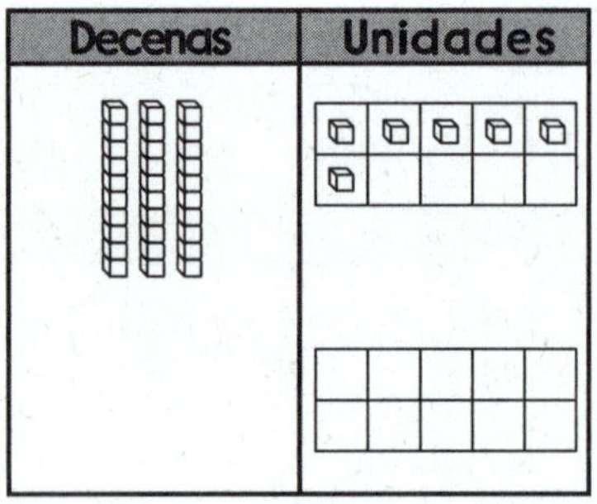

____

2. Resta 28 de 45. ¿Cuál es la diferencia?

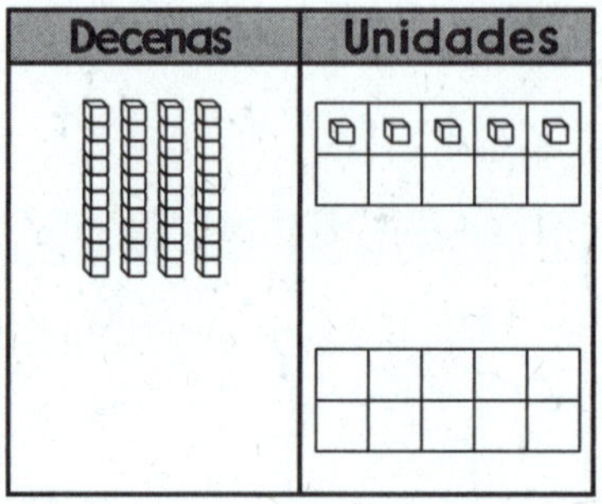

____

Repaso en espiral (2.NBT.B.5, 2.NBT.B.6)

3. ¿Cuál es la diferencia?

$51 - 8 =$ ____

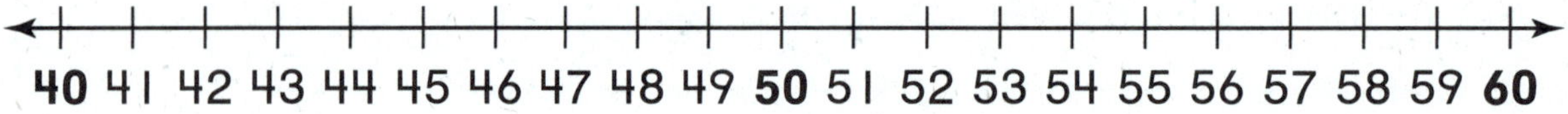

4. ¿Cuál es la suma?

$38 + 35 =$ ____

5. ¿Cuál es la suma?

$$\begin{array}{r} 63 \\ 18 \\ +\ 9 \\ \hline \end{array}$$

Nombre ______________________________

Hacer un modelo y anotar restas de 2 dígitos

Pregunta esencial ¿Cómo anotas restas de 2 dígitos?

Estándares comunes **Números y operaciones en base diez—2.NBT.5** *También 2.NBT.B.9*

PRÁCTICAS MATEMÁTICAS
MP1, MP4, MP6

Escucha y dibuja En el mundo

Manos a la obra

Usa [decena] [unidad] para representar el problema. Haz dibujos rápidos para mostrar tu modelo.

Decenas	Unidades

Charla matemática

PRÁCTICAS MATEMÁTICAS 6

Explica un método
¿Cambiaste bloques en tu modelo? Explica por qué.

PARA EL MAESTRO • Lea el siguiente problema. El Sr. Kelly hizo 47 pastelitos. Sus estudiantes comieron 23 de los pastelitos. ¿Cuántos pastelitos no se comieron?

Representa y dibuja

Traza sobre los dibujos rápidos de los pasos.

Resta. $\begin{array}{r} 56 \\ -19 \\ \hline \end{array}$

Paso 1 Muestra 56. ¿Hay suficientes unidades para restar 9?

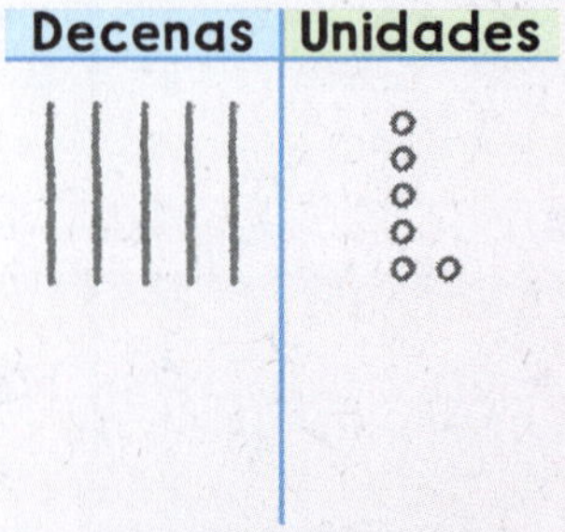

	Decenas	Unidades
	☐	☐
	5	6
−	1	9

Paso 2 Si no hay suficientes unidades, reagrupa 1 decena como 10 unidades.

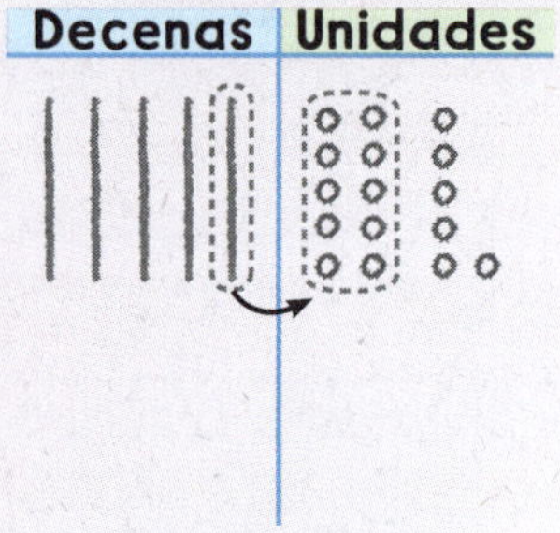

	Decenas	Unidades
	4	16
	~~5~~	~~6~~
−	1	9

Paso 3 Resta las unidades.

16 − 9 = 7

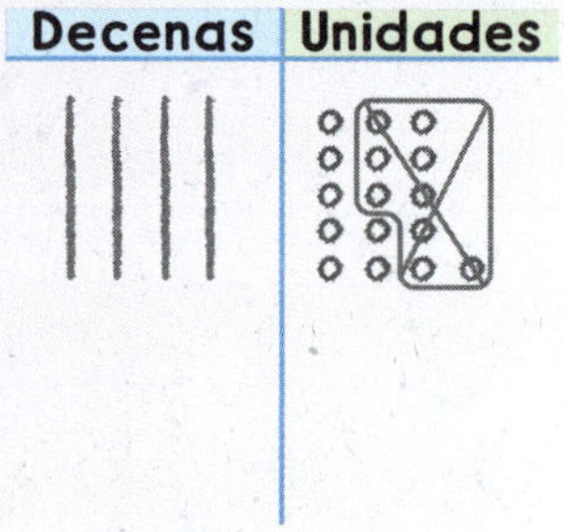

	Decenas	Unidades
	4	16
	~~5~~	~~6~~
−	1	9
		7

Paso 4 Resta las decenas.

4 − 1 = 3

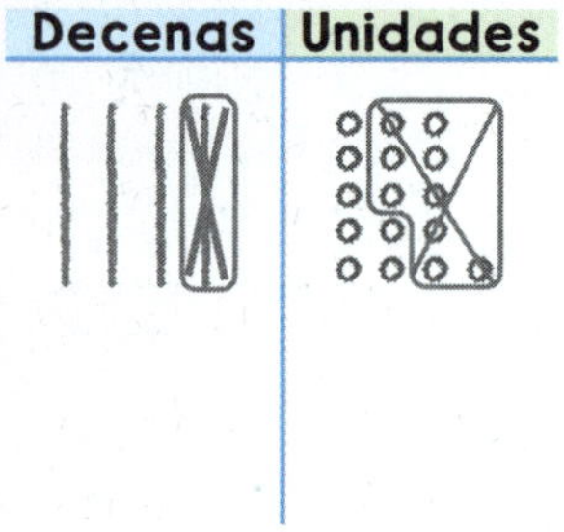

	Decenas	Unidades
	4	16
	~~5~~	~~6~~
−	1	9
	3	7

Comparte y muestra MATH BOARD

Haz un dibujo rápido para resolver. Escribe la diferencia.

1.

	Decenas	Unidades
	☐	☐
	4	7
−	1	5

Decenas | Unidades

2.

	Decenas	Unidades
	☐	☐
	3	2
−	1	8

Decenas | Unidades

Nombre ______________________________

Por tu cuenta

Haz un dibujo rápido para resolver. Escribe la diferencia.

3.

	Decenas	Unidades
	☐	☐
	3	5
−	2	9

Decenas	Unidades

4.

	Decenas	Unidades
	☐	☐
	2	8
−		5

Decenas	Unidades

5.

	Decenas	Unidades
	☐	☐
	5	3
−	2	6

Decenas	Unidades

6.

	Decenas	Unidades
	☐	☐
	3	2
−	1	3

Decenas	Unidades

7. MÁS AL DETALLE Hay 16 petirrojos en los árboles. Llegan 24 más. Luego 28 petirrojos se van volando. ¿Cuánto petirrojos quedan en los árboles?

______ petirrojos

Resolución de problemas • Aplicaciones En el mundo

ESCRIBE Matemáticas

8. PIENSA MÁS El rompecabezas de Claire tiene 85 piezas. Ha usado 46 piezas hasta ahora. ¿Cuántas piezas de rompecabezas no se han usado aún?

_______ piezas de rompecabezas

9. PRÁCTICA MATEMÁTICA 1 **Analiza** Había algunas personas en el parque. 24 personas se fueron a casa. Quedaron 19 personas en el parque. ¿Cuántas personas había en el parque antes?

_______ personas

10. PIENSA MÁS El Sr. Sims tiene una caja de 44 gomas de borrar. Da 18 gomas de borrar a sus estudiantes. ¿Cuántas gomas de borrar tiene el Sr. Sims ahora?

Muestra cómo resolviste el problema.

_______ gomas de borrar

ACTIVIDAD PARA LA CASA • Escriba 73 – 28 en una hoja de papel. Pregunte a su niño si reagruparía para hallar la diferencia.

Nombre ______________________________

Hacer un modelo y anotar restas de 2 dígitos

Estándares comunes

ESTÁNDARES COMUNES—2.NBT.B.5
Utilizan el valor posicional y las propiedades de las operaciones para sumar y restar.

Haz un dibujo rápido para resolver. Escribe la diferencia.

1.

	Decenas	Unidades
	☐	☐
	4	3
−	1	7

Decenas	Unidades

2.

	Decenas	Unidades
	☐	☐
	3	8
−	2	9

Decenas	Unidades

Resolución de problemas

En el mundo

Resuelve. Escribe o dibuja la explicación.

3. Kendall tiene 63 adhesivos. Su hermana tiene 57 adhesivos. ¿Cuántos adhesivos más que su hermana tiene Kendall?

_______ adhesivos más

4. ESCRIBE Matemáticas Haz un dibujo rápido para mostrar el número 24. Luego haz un dibujo rápido para mostrar 24 después de reagrupar una decena como diez unidades. Explica cómo es que ambos dibujos muestran el mismo número, 24.

____

____

____

Repaso de la lección (2.NBT.B.5)

1. ¿Cuál es la diferencia?

	Decenas	Unidades
	☐	☐
	4	7
−	1	8

2. ¿Cuál es la diferencia?

	Decenas	Unidades
	☐	☐
	3	3
−	2	9

Repaso en espiral (2.OA.B.2, 2.NBT.B.5, 2.NBT.B.6)

3. ¿Cuál es la diferencia?

$10 - 6 =$ _____

4. ¿Cuál es la suma?

$16 + 49 =$ _____

5. ¿Cuál es la suma?

$28 + 8 =$ _____

6. ¿Cuál es la diferencia?

$52 - 6 =$ _____

Nombre ______________________________

Resta de 2 dígitos

Pregunta esencial ¿Cómo anotas los pasos cuando restas números de 2 dígitos?

Estándares comunes **Números y operaciones en base diez—2.NBT.B.5**
También 2.NBT.B.9

PRÁCTICAS MATEMÁTICAS
MP2, MP6, MP8

Escucha y dibuja En el mundo

Haz un dibujo rápido para representar cada problema.

Decenas	Unidades

Decenas	Unidades

PARA EL MAESTRO • Lea el siguiente problema. Devin tenía 36 robots de juguete en su estante. Trasladó 12 de sus robots a su armario. ¿Cuántos robots hay en el estante ahora? Repita la actividad con este problema: Devin tenía 54 carritos. Dio 9 carritos a su hermano. ¿Cuántos carritos tiene Devin ahora?

Charla matemática PRÁCTICAS MATEMÁTICAS 2

Usa el razonamiento
Explica por qué funciona la reagrupación.

Representa y dibuja

Resta.
$$\begin{array}{r} 42 \\ -15 \\ \hline \end{array}$$

Paso 1 ¿Hay suficientes unidades para restar 5?

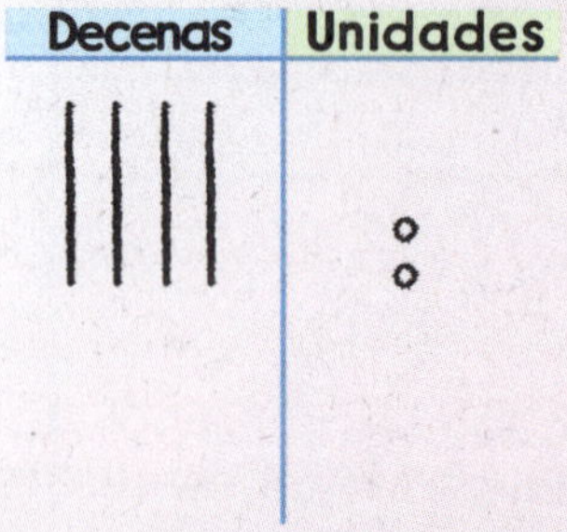

	Decenas	Unidades
	☐	☐
	4	2
−	1	5

Paso 2 Reagrupa 1 decena como 10 unidades.

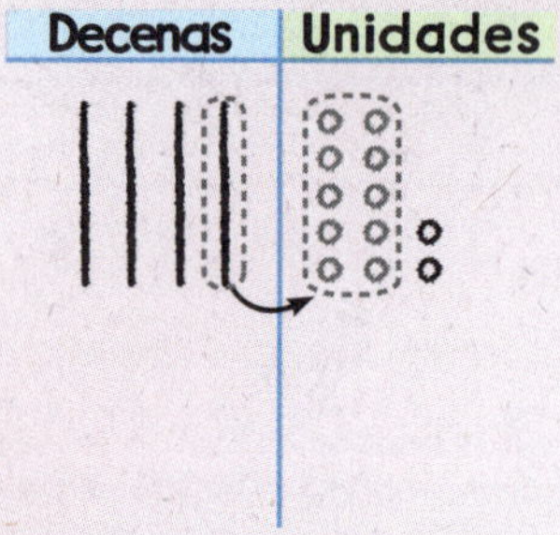

	Decenas	Unidades
	3	12
	~~4~~	~~2~~
−	1	5

Paso 3 Resta las unidades.
$12 - 5 = 7$

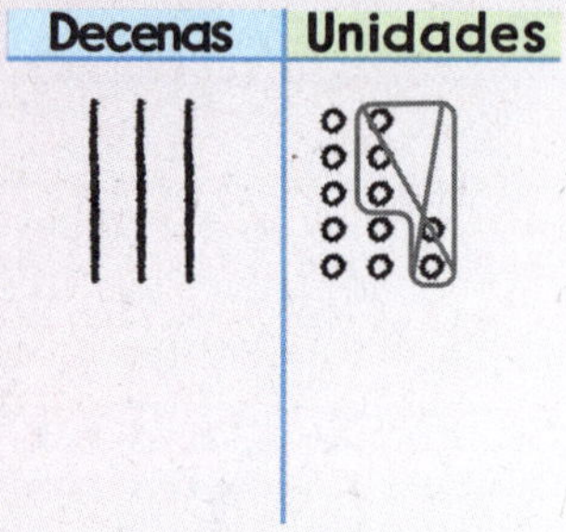

	Decenas	Unidades
	3	12
	~~4~~	~~2~~
−	1	5
		7

Paso 4 Resta las decenas.
$3 - 1 = 2$

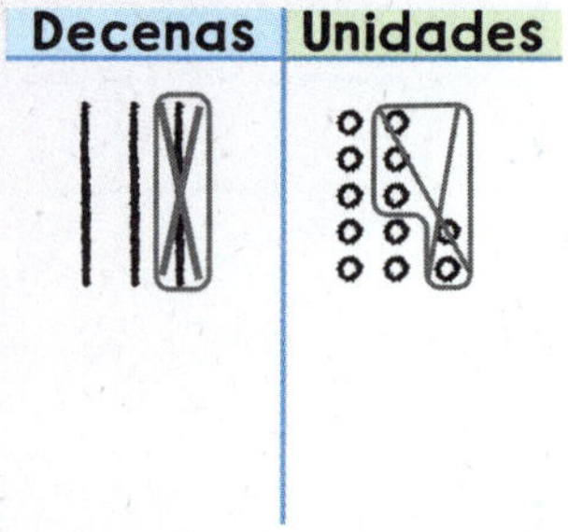

	Decenas	Unidades
	3	12
	~~4~~	~~2~~
−	1	5
	2	7

Comparte y muestra MATH BOARD

Reagrupa si lo necesitas. Escribe la diferencia.

1.

	Decenas	Unidades
	☐	☐
	3	1
−	1	4

✓2.

	Decenas	Unidades
	☐	☐
	5	6
−	2	1

✓3.

	Decenas	Unidades
	☐	☐
	7	2
−	3	5

Nombre ______________________________

Por tu cuenta

Reagrupa si lo necesitas. Escribe la diferencia.

4.

Decenas	Unidades
☐	☐
2	3
− 1	4

5.

Decenas	Unidades
☐	☐
8	7
− 5	7

6.

Decenas	Unidades
☐	☐
3	4
− 1	8

7.

Decenas	Unidades
☐	☐
6	1
− 1	3

8.

4	5
− 1	8

9.

5	2
− 3	6

10.

3	2
− 1	3

11.

7	5
− 4	3

12.

5	6
− 2	7

13.

9	4
− 2	9

14.

8	7
− 3	9

15.

8	3
− 4	6

16. PIENSA MÁS Spencer escribió 5 cuentos menos que Katie. Spencer escribió 18 cuentos. ¿Cuántos cuentos escribió Katie?

Matemáticas al instante

_______ cuentos

Resolución de problemas • Aplicaciones En el mundo

ESCRIBE Matemáticas

17. PRÁCTICA MATEMÁTICA 6 **Explica un método**

Encierra en un círculo los problemas que podrías resolver con un cálculo mental.

54 − 10 = ____	63 − 27 = ____	93 − 20 = ____
39 − 2 = ____	41 − 18 = ____	82 − 26 = ____

Explica cuándo usas el cálculo mental.

____

____

____

Entrenador personal en matemáticas

18. PIENSA MÁS+ Hay 34 pollos en el gallinero. Si 6 pollos salen al jardín, ¿cuántos pollos quedarán aún en el gallinero?

Encierra en un círculo el número de la casilla válido para que el enunciado sea verdadero.

Quedan [8 / 18 / 28] pollos en el gallinero.

ACTIVIDAD PARA LA CASA • Pida a su niño que escriba un problema de resta de 2 dígitos en que no se necesite reagrupar. Pida a su niño que explique por qué eligió esos números.

Nombre ______________________________

Resta de 2 dígitos

ESTÁNDARES COMUNES—2.NBT.B.5 *Utilizan el valor posicional y las propiedades de las operaciones para sumar y restar.*

Reagrupa si lo necesitas.
Escribe la diferencia.

1.

Decenas	Unidades
☐	☐
4	7
− 2	8

2.

Decenas	Unidades
☐	☐
3	3
− 1	8

3.

Decenas	Unidades
☐	☐
2	8
− 1	4

4.

Decenas	Unidades
☐	☐
6	6
− 1	9

5.

7	7
− 2	6

6.

5	8
− 3	4

7.

5	2
− 2	5

8.

8	7
− 4	9

Resolución de problemas — En el mundo

Resuelve. Escribe o dibuja para explicar.

9. La Sra. Paul compró 32 gomas de borrar. Les dio 19 gomas de borrar a los estudiantes. ¿Cuántas gomas de borrar le quedan?

_____ gomas de borrar

10. ESCRIBE **Matemáticas** Escribe algunos enunciados sobre las maneras diferentes de mostrar la resta para un problema como 32 – 15.

____

____

Repaso de la lección (2.NBT.B.5)

1. ¿Cuál es la diferencia?

4	8
− 3	9

2. ¿Cuál es la diferencia?

8	4
− 6	6

Repaso en espiral (2.OA.A.1, 2.OA.B.2, 2.NBT.B.5)

3. ¿Cuál es la diferencia?

	Decenas	Unidades
	☐	☐
	3	2
−	1	9

4. Escribe una operación de suma que tenga la misma suma que 8 + 7.

10 + ____

5. Van 27 niños y 23 niñas de excursión al museo. ¿Cuántos niños van de excursión al museo en total?

____ niños

6. Hay 17 bayas en la canasta. Luego alguien se come 9 bayas. ¿Cuántas bayas hay ahora?

____ bayas

PRACTICA MÁS CON EL Entrenador personal en matemáticas

Nombre ________________________________

Practicar la resta de 2 dígitos

Pregunta esencial ¿Cómo anotas los pasos cuando restas números de 2 dígitos?

Estándares comunes **Números y operaciones en base diez—2.NBT.B.5**

PRÁCTICAS MATEMÁTICAS **MP1, MP3, MP7**

Escucha y dibuja En el mundo

Elige una manera de resolver el problema. Dibuja o escribe para mostrar lo que hiciste.

PARA EL MAESTRO • Lea el siguiente problema y pida a los niños que elijan su propio método para resolverlo. Hay 74 libros en el salón de clases del Sr. Barron. 19 de los libros son sobre las computadoras. ¿Cuántos libros no son sobre las computadoras?

Charla matemática — PRÁCTICAS MATEMÁTICAS 1

Describe una manera diferente en que podrías haber resuelto el problema.

Representa y dibuja

Carmen tenía 50 tarjetas de juego. Luego dio 16 tarjetas de juego a Theo. ¿Cuántas tarjetas de juego tiene Carmen ahora?

Paso 1 Observa las unidades. No hay suficientes unidades para restar 6 de 0. Por lo tanto, reagrupa.

$$\begin{array}{rr} 4 & 10 \\ \not{5} & \not{0} \\ -\ 1 & 6 \\ \hline \end{array}$$

Paso 2 Resta las unidades.

$10 - 6 = 4$

$$\begin{array}{rr} 4 & 10 \\ \not{5} & \not{0} \\ -\ 1 & 6 \\ \hline & 4 \end{array}$$

Paso 3 Resta las decenas.

$4 - 1 = 3$

$$\begin{array}{rr} 4 & 10 \\ \not{5} & \not{0} \\ -\ 1 & 6 \\ \hline 3 & 4 \end{array}$$

Comparte y muestra

MATH BOARD

Escribe la diferencia.

1.
$$\begin{array}{rr} 3 & 8 \\ -\ 1 & 9 \\ \hline \end{array}$$

2.
$$\begin{array}{rr} 6 & 5 \\ -\ 3 & 2 \\ \hline \end{array}$$

3.
$$\begin{array}{rr} 5 & 0 \\ -\ 1 & 2 \\ \hline \end{array}$$

4.
$$\begin{array}{rr} 2 & 3 \\ - & 4 \\ \hline \end{array}$$

5.
$$\begin{array}{rr} 7 & 0 \\ -\ 3 & 8 \\ \hline \end{array}$$

6.
$$\begin{array}{rr} 5 & 2 \\ -\ 1 & 7 \\ \hline \end{array}$$

Nombre ______________________________

Por tu cuenta

Escribe la diferencia.

7.
$$\begin{array}{r} 41 \\ -\ 24 \\ \hline \end{array}$$

8.
$$\begin{array}{r} 58 \\ -\ 16 \\ \hline \end{array}$$

9.
$$\begin{array}{r} 60 \\ -\ 13 \\ \hline \end{array}$$

10.
$$\begin{array}{r} 52 \\ -\ 47 \\ \hline \end{array}$$

11.
$$\begin{array}{r} 72 \\ -\ 46 \\ \hline \end{array}$$

12.
$$\begin{array}{r} 37 \\ -\ 6 \\ \hline \end{array}$$

13.
$$\begin{array}{r} 74 \\ -\ 46 \\ \hline \end{array}$$

14.
$$\begin{array}{r} 90 \\ -\ 18 \\ \hline \end{array}$$

15. MÁS AL DETALLE Escribe los números que faltan en los problemas de resta. Se muestra la reagrupación para cada problema.

$$\begin{array}{r} 6\ \ 15 \\ \square\ \square \\ -\ \square\ \square \\ \hline 4\ \ 7 \end{array} \qquad \begin{array}{r} 7\ \ 13 \\ \square\ \square \\ -\ \square\ \square \\ \hline 2\ \ 5 \end{array}$$

16. PIENSA MÁS Adam saca 38 piedras de una caja. Quedan 23 piedras en la caja. ¿Cuántas piedras había en la caja al comienzo?

_____ piedras

ACTIVIDAD PARA LA CASA • Pida a su niño que le muestre una manera de hallar 80 – 34.

Nombre ____________________

Revisión de la mitad del capítulo

Conceptos y destrezas

Entrenador personal en matemáticas
Evaluación e intervención en línea

Separa el número que restas. Usa la recta numérica como ayuda. Escribe la diferencia. (2.NBT.B.5)

20 21 22 23 24 25 26 27 28 29 30 31 32 33 34 35 36 37 38 39 40 41 42 43 44 45 46 47 48 49 50

1. 34 − 8 = ______

2. 45 − 17 = ______

Haz un dibujo rápido para resolver. Escribe la diferencia. (2.NBT.B.5)

3.

	Decenas	Unidades
	☐	☐
	4	2
−	2	9

Decenas	Unidades

4.

	Decenas	Unidades
	☐	☐
	5	4
−	2	3

Decenas	Unidades

Escribe la diferencia. (2.NBT.B.5)

5.
$$\begin{array}{r} 78 \\ -\,43 \\ \hline \end{array}$$

6.
$$\begin{array}{r} 60 \\ -\,26 \\ \hline \end{array}$$

7.
$$\begin{array}{r} 85 \\ -\,37 \\ \hline \end{array}$$

8. PIENSA MÁS Marissa tenía 51 dinosaurios de juguete. Dio 14 dinosaurios de juguete a su hermano. ¿Cuántos dinosaurios de juguete tiene ahora? (NBT.B.5)

______ dinosaurios de juguete

Nombre ______________________________

Practicar la resta de 2 dígitos

Estándares comunes **ESTÁNDARES COMUNES—2.NBT.5**
Utilizan el valor posicional y las propiedades de las operaciones para sumar y restar.

Escribe la diferencia.

1. $\begin{array}{r} 50 \\ -18 \\ \hline \end{array}$

2. $\begin{array}{r} 43 \\ -17 \\ \hline \end{array}$

3. $\begin{array}{r} 75 \\ -18 \\ \hline \end{array}$

4. $\begin{array}{r} 22 \\ -6 \\ \hline \end{array}$

5. $\begin{array}{r} 60 \\ -35 \\ \hline \end{array}$

6. $\begin{array}{r} 42 \\ -34 \\ \hline \end{array}$

Resolución de problemas En el mundo

Resuelve. Escribe o dibuja la explicación.

7. Julie tiene 42 hojas de papel. Le da 17 hojas a Kari. ¿Cuántas hojas de papel tiene Julie ahora?

_____ hojas de papel

8. ESCRIBE **Matemáticas** Dibuja y escribe para explicar en qué se diferencian estos dos problemas:
35 − 15 = ________ y
43 − 26 = ________.

____

Repaso de la lección (2.NBT.B.5)

1. ¿Cuál es la diferencia?

$$\begin{array}{r} 73 \\ -\ 47 \\ \hline \end{array}$$

2. ¿Cuál es la diferencia?

$$\begin{array}{r} 54 \\ -\ 13 \\ \hline \end{array}$$

Repaso en espiral (2.OA.B.2, 2.NBT.B.6)

3. ¿Cuál es la suma?

$9 + 9 =$ ____

4. ¿Cuál es la diferencia?

$14 - 7 =$ ____

5. ¿Cuál es la suma?

$36 + 25 =$ ____

6. ¿Cuál es la suma?

$7 + 2 + 3 =$ ____

PRACTICA MÁS CON EL
Entrenador personal en matemáticas

Nombre ______________________________

Reescribir restas de 2 dígitos

Pregunta esencial ¿Cuáles son dos maneras diferentes de escribir problemas de restas?

Estándares comunes **Números y operaciones en base diez—2.NBT.B.5**

PRÁCTICAS MATEMÁTICAS
MP6, MP7

Escucha y dibuja En el mundo

Escribe los números de cada problema de resta.

− ______	− ______
− ______	− ______

Charla matemática PRÁCTICAS MATEMÁTICAS 6

Explica por qué es importante alinear los dígitos de los números en columnas.

PARA EL MAESTRO • Lea el siguiente problema. Pida a los niños que escriban los números en formato vertical. Había 45 niños en una fiesta. Luego 23 niños se fueron a casa. ¿Cuántos niños quedaron aún en la fiesta? Repita con tres problemas más.

Representa y dibuja

¿Cuánto es 81 − 36?
Reescribe el problema de resta.
Luego halla la diferencia.

Paso 1 Para 81, escribe el dígito de las decenas en la columna de las decenas.

Escribe el dígito de las unidades en la columna de las unidades.

Repite con 36.

$$\begin{array}{rr} 8 & 1 \\ - \; 3 & 6 \\ \hline \end{array}$$

Paso 2 Observa las unidades. Reagrupa si lo necesitas.

Resta las unidades.
Resta las decenas.

$$\begin{array}{rr} 7 & 11 \\ \not{8} & \not{1} \\ - \; 3 & 6 \\ \hline \end{array}$$

Comparte y muestra MATH BOARD

Reescribe el problema de resta. Luego halla la diferencia.

1. 37 − 4

2. 48 − 24

3. 85 − 37

4. 63 − 19

5. 62 − 37

6. 51 − 27

✓7. 76 − 3

✓8. 95 − 48

Nombre ______________________________

Por tu cuenta

Reescribe el problema de resta. Luego halla la diferencia.

9. 49 – 8

10. 85 – 47

11. 63 – 23

12. 51 – 23

13. 60 – 15

14. 94 – 58

15. 47 – 20

16. 35 – 9

17. 78 – 10

18. 54 – 38

19. 92 – 39

20. 87 – 28

21. **PIENSA MÁS** ¿En cuáles de los problemas anteriores pudiste hallar la diferencia sin reescribirlos? Explica.

____

____

____

Resolución de problemas • Aplicaciones En el mundo

ESCRIBE Matemáticas

Lee sobre la excursión de la clase. Luego responde las preguntas.

La clase de Pablo fue al museo de arte. Vieron 26 pinturas hechas por niños. Vieron 53 pinturas hechas por adultos. También vieron 18 esculturas y 31 fotografías.

22. ¿Cuántas pinturas más fueron hechas por adultos que por niños?

________ pinturas más

23. MÁS AL DETALLE ¿Cuántas pinturas más que esculturas vieron?

________ pinturas más

24. PIENSA MÁS Tom hizo 23 dibujos el año pasado. Beth hizo 14 dibujos. ¿Cuántos dibujos más hizo Tom que Beth?

Rellena el círculo que está al lado de todas las formas de mostrar el problema.

- ○ $\begin{array}{r} 23 \\ -\ 14 \\ \hline \end{array}$
- ○ $\begin{array}{r} 23 \\ +\ 14 \\ \hline \end{array}$
- ○ $23 - 14$
- ○ $23 + 14$

________ dibujos más

ACTIVIDAD PARA LA CASA • Pida a su niño que escriba y resuelva un problema de resta sobre una excursión en familia.

Nombre ______________________

Reescribir restas de 2 dígitos

Estándares comunes **ESTÁNDARES COMUNES—2.NBT.B.5**
Utilizan el valor posicional y las propiedades de las operaciones para sumar y restar.

Reescribe el problema de resta. Luego halla la diferencia.

1. 35 − 19

   − ______

2. 47 − 23

   − ______

3. 55 − 28

   − ______

Resolución de problemas En el mundo

Resuelve. Escribe o dibuja la explicación.

4. Jimmy fue a la juguetería. Vio 23 trenes de madera y 41 trenes de plástico. ¿Cuántos trenes de plástico más vio que trenes de madera?

   _____ trenes de plástico más

5. ESCRIBE Matemáticas ¿Es más fácil restar cuando los números están escritos arriba y abajo de otros? Explica tu respuesta.

____

____

____

____

Repaso de la lección (2.NBT.B.5)

1. ¿Cuál es la diferencia entre 43 − 17?

$$\begin{array}{r} \\ - \\ \hline \end{array}$$

2. ¿Cuál es la diferencia entre 50 − 16?

$$\begin{array}{r} \\ - \\ \hline \end{array}$$

Repaso en espiral (2.OA.B.2, 2.NBT.B.5, 2.NBT.B.6)

3. ¿Cuál es la suma?

$$\begin{array}{r} 29 \\ 4 \\ 25 \\ +\ 16 \\ \hline \end{array}$$

4. ¿Cuál es la suma de 41 + 19?

____

5. Escribe una operación de suma que tenga la misma suma que 5 + 9.

10 + ____

6. ¿Cuál es la diferencia?

45 − 13 = ____

PRACTICA MÁS CON EL
Entrenador personal en matemáticas

Nombre ______________________________

Sumar para hallar diferencias

Pregunta esencial ¿Cómo puedes usar la suma para resolver problemas de resta?

Estándares comunes **Números y operaciones en base diez—2.NBT.B.5**
PRÁCTICAS MATEMÁTICAS
MP1, MP5, MP8

Escucha y dibuja
En el mundo

Haz dibujos para mostrar el problema.
Luego escribe un enunciado numérico para tu dibujo.

______________________ ________ marcadores

Ahora haz dibujos para mostrar la siguiente parte del problema. Escribe un enunciado numérico para tu dibujo.

______________________ ________ marcadores

PARA EL MAESTRO • Pida a los niños que hagan dibujos para representar este problema. Sophie tenía 25 marcadores. Dio 3 marcadores a Josh. ¿Cuántos marcadores tiene Sophie ahora? Luego pregunte a los niños: ¿Cuántos marcadores tendría Sophie si Josh le devolviera 3 marcadores?

Charla matemática
PRÁCTICAS MATEMÁTICAS 1

Describe lo que sucede cuando vuelves a sumar el número que restaste.

Representa y dibuja

Cuenta del menor al mayor desde el número que restas para hallar la diferencia.

$$45 - 38 = \blacksquare$$

Comienza en 38. Cuenta del menor al mayor hasta 40.

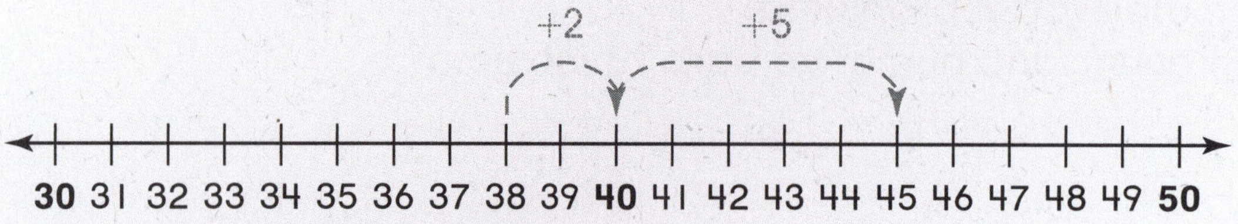

Luego cuenta del menor al mayor 5 más hasta 45.

$2 + 5 = 7$

Por lo tanto, $45 - 38 =$ _____.

Comparte y muestra MATH BOARD

Usa la recta numérica. Cuenta del menor al mayor para hallar la diferencia.

1. $36 - 27 =$ _____

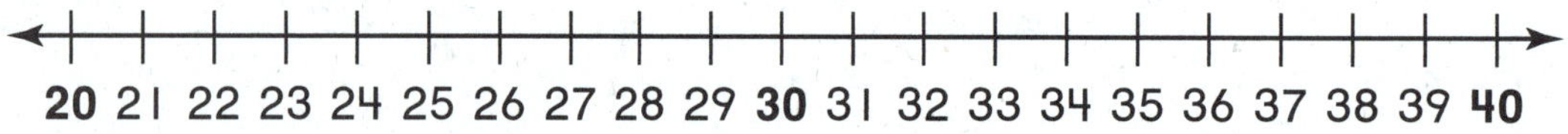

✓2. $56 - 49 =$ _____

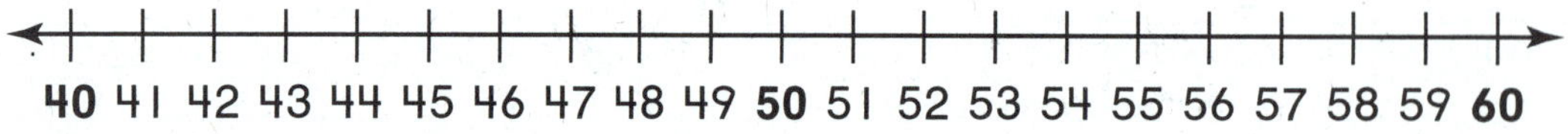

✓3. $64 - 58 =$ _____

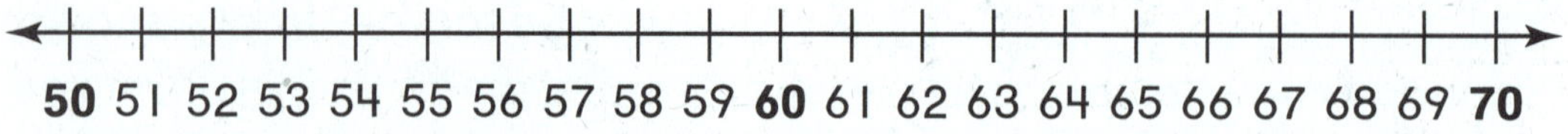

Nombre ______________________________

Por tu cuenta

Usa la recta numérica. Cuenta del menor al mayor para hallar la diferencia.

4. 33 − 28 = ______

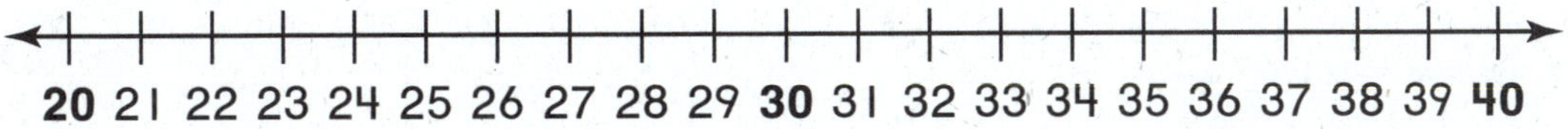

5. 45 − 37 = ______

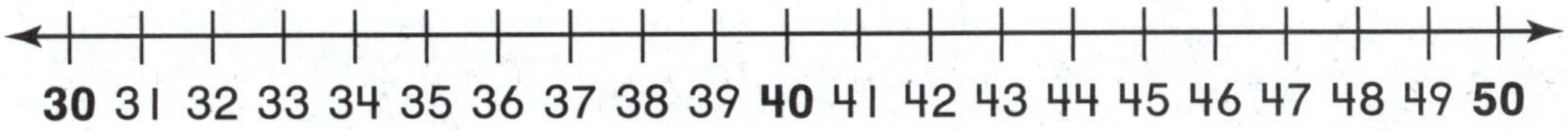

6. 58 − 49 = ______

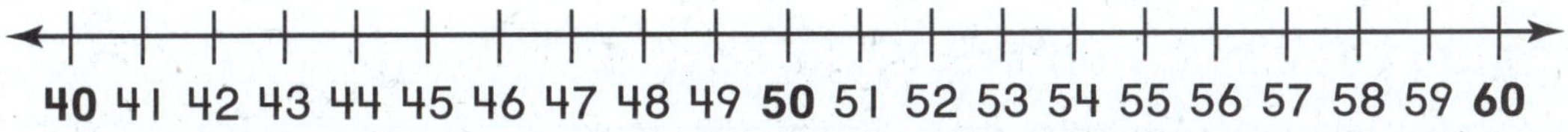

7. **PIENSA MÁS** Había 55 libros sobre la mesa. Sandra recogió algunos libros. Ahora quedan 49 libros sobre la mesa. ¿Cuántos libros recogió Sandra?

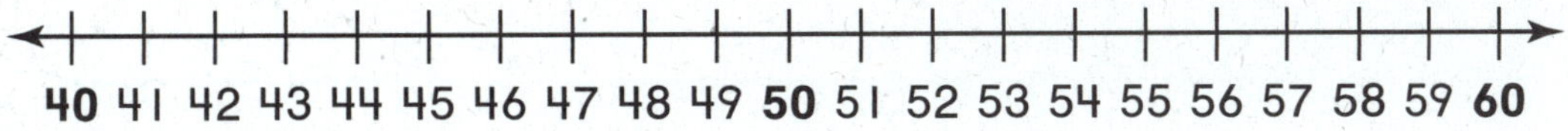

______ libros

Resolución de problemas • Aplicaciones En el mundo

ESCRIBE Matemáticas

Resuelve. Puedes usar la recta numérica como ayuda.

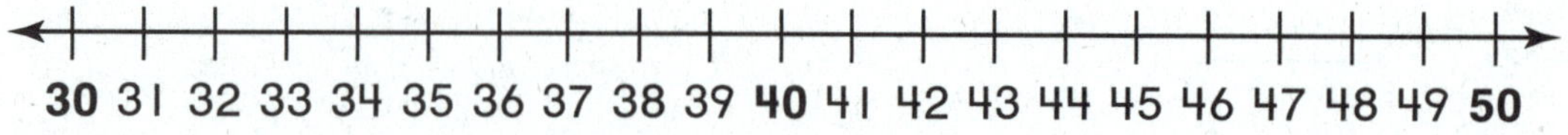

8. Hay 46 piezas de juego en una caja. Adam saca 38 piezas de juego de la caja. ¿Cuántas piezas de juego quedan en la caja?

_______ piezas de juego

9. PIENSA MÁS Rachel tenía 27 palitos planos. Luego dio 19 palitos planos a Theo. ¿Cuántos palitos planos tiene Rachel ahora?

Encierra en un círculo el número de la casilla válido para que el enunciado sea verdadero.

Rachel tiene [6 / 7 / 8] palitos planos ahora.

Explica cómo puedes usar la suma para resolver el problema.

____

____

ACTIVIDAD PARA LA CASA • Pida a su niño que describa cómo usó una recta numérica para resolver un problema de esta lección.

Nombre ____________________

Sumar para hallar diferencias

ESTÁNDARES COMUNES—2.NBT.B.5
Utilizan el valor posicional y las propiedades de las operaciones para sumar y restar.

Usa la recta numérica. Cuenta del menor al mayor para hallar la diferencia.

1. 36 − 29 = ____

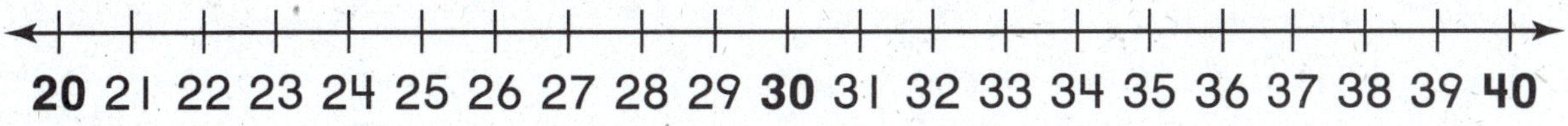

2. 43 − 38 = ____

Resolución de problemas En el mundo

Resuelve. La recta numérica te sirve para resolver.

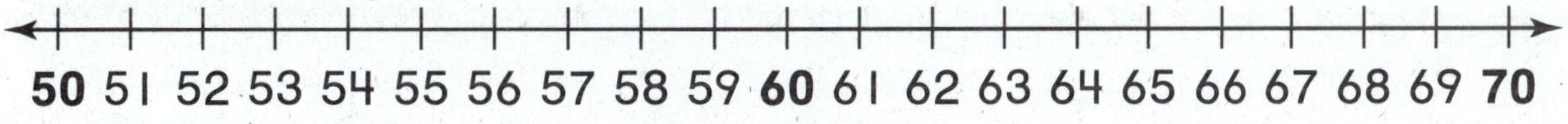

3. Jill tiene 63 tarjetas. Usa 57 tarjetas en un proyecto. ¿Cuántas tarjetas tiene Jill ahora?

____ tarjetas

4. ESCRIBE **Matemáticas** Explica cómo se puede usar una recta numérica para hallar la diferencia entre 34 − 28.

____

____

Repaso de la lección (2.NBT.B.5)

Usa la recta numérica. Cuenta del menor al mayor para hallar la diferencia.

70 71 72 73 74 75 76 77 78 79 **80** 81 82 83 84 85 86 87 88 89 **90**

1. 82 − 75 = ____

2. 90 − 82 = ____

Repaso en espiral (2.OA.A.1, 2.OA.C.4, 2.NBT.B.5)

3. Jordan tiene 41 carritos en casa. Lleva 24 carritos a la escuela. ¿Cuántos carritos dejó en casa?

____ carritos

4. Pam tiene 15 peces. Tiene 9 peces dorados y el resto son peces tropicales. ¿Cuántos peces son peces tropicales?

____ peces tropicales

5. ¿Cuál es la suma?

$$\begin{array}{r|r} 3 & 5 \\ +\ 1 & 9 \\ \hline & \end{array}$$

6. Hay 5 lápices en cada mesa. Hay 3 mesas. ¿Cuántos lápices hay en total?

____ lápices

Nombre ____________________

Resolución de problemas • La resta

Pregunta esencial ¿Cómo puede ayudar el dibujo de un diagrama cuando se resuelven problemas de resta?

Estándares comunes **Operaciones y pensamiento algebraico—2.OA.A.1**
También 2.NBT.B.5

PRÁCTICAS MATEMÁTICAS
MP1, MP2, MP4

Jane y su mamá hicieron 33 títeres para la feria de artesanías. Vendieron 14 títeres. ¿Cuántos títeres les quedan?

Soluciona el problema

¿Qué debo hallar?

cuántos títeres
les quedan

¿Qué información debo usar?

Hicieron ________ títeres.

Vendieron ________ títeres.

Muestra cómo resolver el problema.

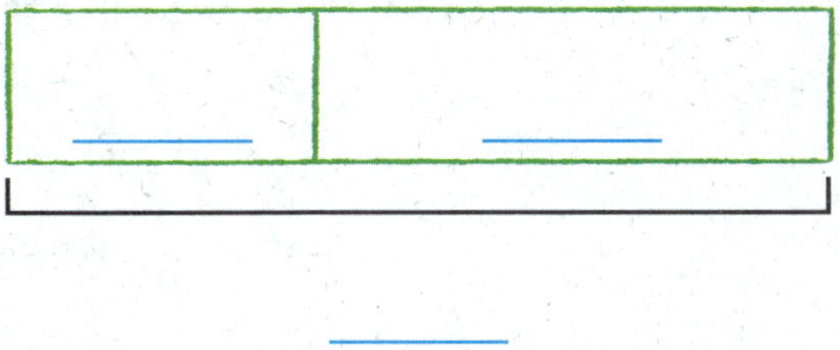

$33 - 14 = \blacksquare$

________ títeres

NOTA A LA FAMILIA • Su niño usó un modelo de barras y un enunciado numérico para representar el problema. El uso de un modelo de barras muestra lo que se sabe y lo que se necesita para resolver el problema.

Haz otro problema

Rotula el modelo de barras. Escribe un enunciado numérico con un ■ en el lugar del número que falta. Resuelve.

- ¿Qué debo hallar?
- ¿Qué información debo usar?

1. Carlette tenía una caja de 46 palitos planos. Usó 28 palitos planos para hacer un velero. ¿Cuántos palitos planos no se usaron?

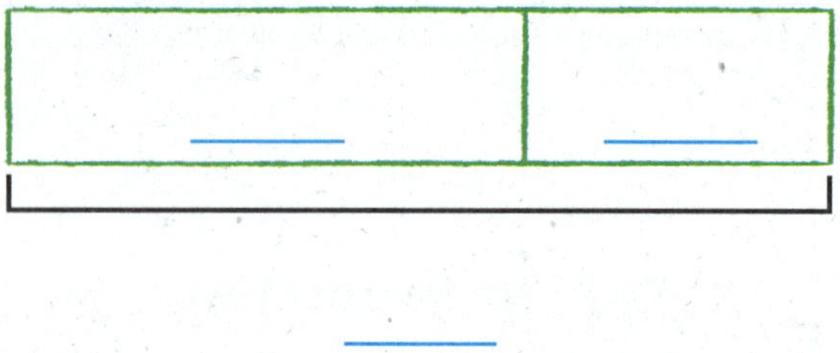

________________________ ______ palitos planos

2. La clase de Rob hizo 31 tazones de arcilla. La clase de Sarah hizo 15 tazones de arcilla. ¿Cuántos tazones de arcilla más hizo la clase de Rob que la clase de Sarah?

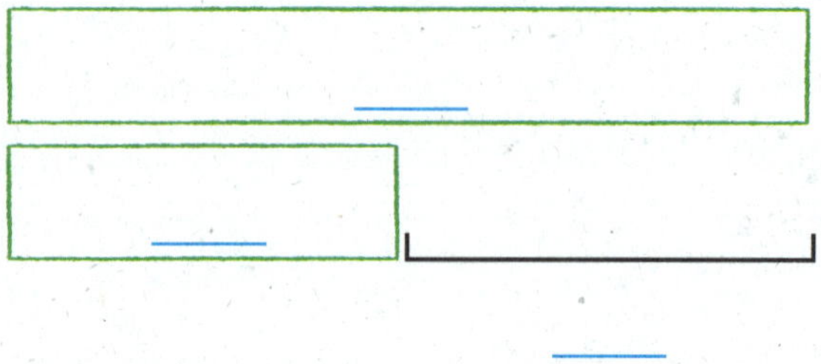

________________________ ______ tazones de arcilla más

Charla matemática

PRÁCTICAS MATEMÁTICAS 1

Explica cómo sabes que el Ejercicio 1 es un problema de quitar.

Nombre ______________________________

Comparte y muestra MATH BOARD

Rotula el modelo de barras. Escribe un enunciado numérico con un ■ en el lugar del número que falta. Resuelve.

3. El Sr. Hayes hace 32 marcos de madera. Regala 15 marcos. ¿Cuántos marcos le quedan?

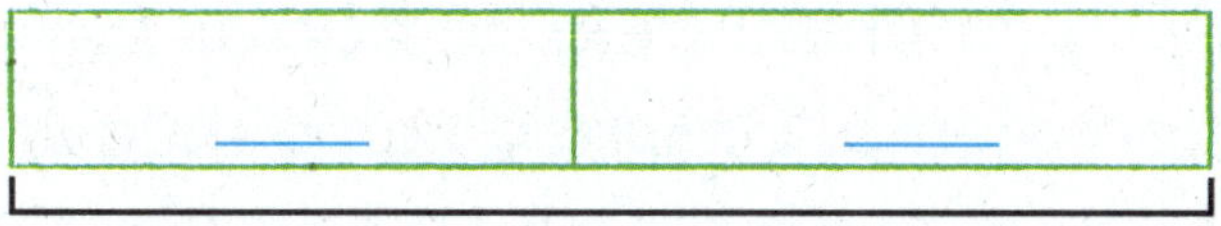

______ marcos

____

4. Wesley tiene 21 cintas en una caja. Tiene 15 cintas en la pared. ¿Cuántas cintas más tiene en la caja que en la pared?

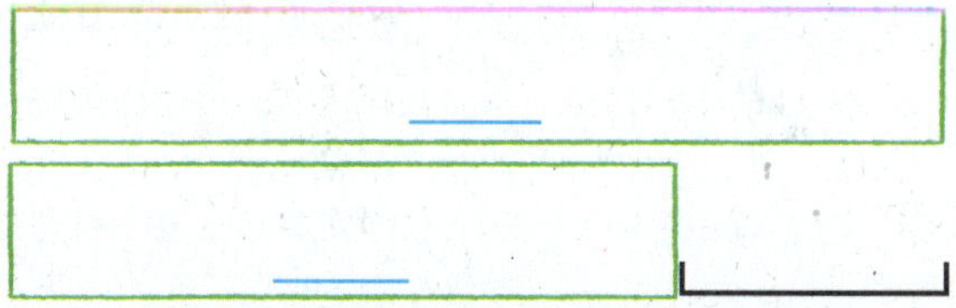

______ cintas más

____

5. PIENSA MÁS Jennifer escribió 9 poemas en la escuela y 11 poemas en casa. Escribió 5 poemas más que Nell. ¿Cuántos poemas escribió Nell?

Matemáticas al instante

______ poemas

Por tu cuenta

ESCRIBE Matemáticas

6. MÁS AL DETALLE Hay 70 niños. 28 niños están caminando y 16 están en un picnic. El resto de los niños están jugando fútbol. ¿Cuántos niños están jugando fútbol?

Dibuja un modelo de barras para el problema. Describe cómo muestra tu dibujo el problema. Luego resuelve el problema.

____

____

____

7. PIENSA MÁS Hay 48 galletas en una bolsa. Los niños comen 25 galletas. ¿Cuántas galletas quedan en la bolsa?

Encierra en un círculo el modelo de barras que puede usarse para resolver el problema.

25	23
48	

48	25
73	

73	48
25	

Escribe un enunciado numérico con un ■ en el lugar del número que falta. Resuelve.

____

__________ galletas

ACTIVIDAD PARA LA CASA • Pida a su niño que explique cómo resolvió uno de los problemas de esta página.

Nombre ____________________

Resolución de problemas • La resta

ESTÁNDARES COMUNES—2.OA.A.1
Representan y resuelven problemas relacionados a la suma y a la resta.

Rotula el modelo de barras. Escribe un enunciado numérico con un ■ en lugar del número que falta. Resuelve.

1. Megan recogió 34 flores. Algunas flores son amarillas y 18 flores son rosadas. ¿Cuántas flores amarillas recogió?

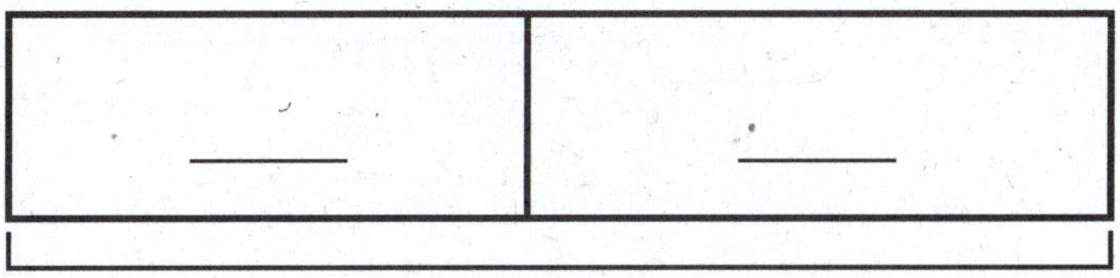

_____ flores amarillas

____

2. Alex tenía 45 carritos. Puso 26 carritos en una caja. ¿Cuántos carritos no están en la caja?

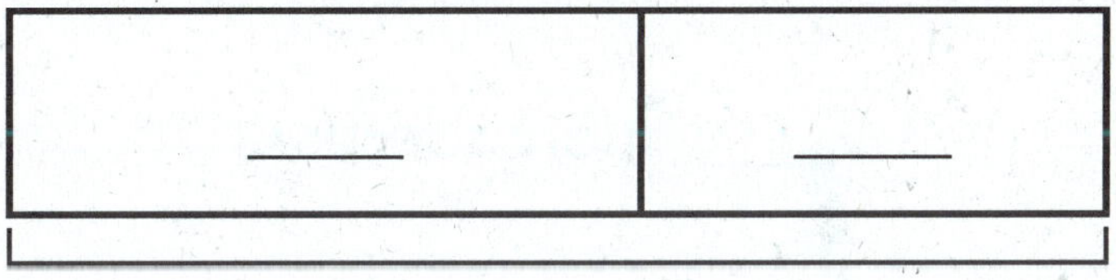

_____ carritos

____

3. ESCRIBE Matemáticas Explica cómo un modelo de barras se puede usar para mostrar un problema de resta.

____

____

____

____

Repaso de la lección (2.OA.A.1)

1. Había 39 calabazas en la tienda. Luego se vendieron 17 calabazas. ¿Cuántas calabazas quedan en la tienda?

   ____ calabazas

2. Había 48 hormigas en una colina. Luego se fueron 13 hormigas. ¿Cuántas hormigas quedaron en la colina?

   ____ hormigas

Repaso en espiral (2.OA.A.1, 2.OA.B.2, 2.NBT.B.5, 2.NBT.B.6)

3. Ashley tenía 26 marcadores. Su amiga le dio 17 marcadores más. ¿Cuántos marcadores tiene Ashley ahora?

   ____ marcadores

4. ¿Cuál es la suma?

$$\begin{array}{r} 46 \\ +\ 24 \\ \hline \end{array}$$

5. Escribe una operación de resta que tenga la misma diferencia entre 15 − 7.

   10 − ____

6. ¿Cuál es la suma?

   34 + 5 = ____

PRACTICA MÁS CON EL Entrenador personal en matemáticas

Nombre ___________________________

Álgebra • Escribir ecuaciones para representar la resta

Pregunta esencial ¿Cómo escribes un enunciado numérico para representar un problema?

Estándares comunes **Operaciones y pensamiento algebraico—2.OA.A.1** *También 2.NBT.B.5*

PRÁCTICAS MATEMÁTICAS
MP1, MP2, MP3, MP4

Escucha y dibuja En el mundo

Dibuja para mostrar el problema. Escribe un enunciado numérico. Luego resuelve.

____

PARA EL MAESTRO • Lea este problema a los niños. Franco tiene 53 crayones. Da algunos crayones a Courtney. Ahora Franco tiene 38 crayones. ¿Cuántos crayones dio Franco a Courtney?

Charla matemática — PRÁCTICAS MATEMÁTICAS 4

Describe cómo muestra tu dibujo el problema.

Representa y dibuja

Puedes escribir un enunciado numérico para mostrar un problema.

Liza tiene 65 tarjetas postales. Da 24 tarjetas postales a Wesley. ¿Cuántas tarjetas postales tiene Liza ahora?

65 − 24 = ■

PIENSA:
65 tarjetas postales
−24 tarjetas postales
41 tarjetas postales

Liza tiene ______ tarjetas postales ahora.

Comparte y muestra MATH BOARD

Escribe un enunciado numérico para el problema.
Usa un ■ en el lugar del número que falta. Luego resuelve.

1. Había 32 aves en los árboles. Luego se fueron volando 18 aves. ¿Cuántas aves hay en los árboles ahora?

____

______ aves

2. Carla leyó 43 páginas de su libro. Joe leyó 32 páginas de su libro. ¿Cuántas páginas más leyó Carla que Joe?

____

______ páginas más

Nombre ______________________________

Por tu cuenta

Escribe un enunciado numérico para el problema.
Usa un ■ en el lugar del número que falta. Luego resuelve.

3. Había 40 hormigas en una roca. Algunas hormigas se desplazaron al césped. Ahora hay 26 hormigas en la roca. ¿Cuántas hormigas se desplazaron al césped?

____

______ hormigas

4. PIENSA MÁS Keisha tenía una bolsa de cintas. Sacó 29 cintas de la bolsa. Luego quedaron 17 cintas en la bolsa. ¿Cuántas cintas había en la bolsa al comienzo?

____

______ cintas

5. MÁS AL DETALLE Hay 50 abejas en una colmena. Algunas abejas se van volando. Si quedan menos de 20 abejas en la colmena, ¿cuántas abejas pueden haberse ido volando?

______ abejas

Usa la resta para comprobar tu respuesta.

Resolución de problemas • Aplicaciones En el mundo

ESCRIBE Matemáticas

6. PRÁCTICA MATEMÁTICA 6 **Haz conexiones**
Brendan hizo esta recta numérica para hallar una diferencia. ¿Qué restaba de 100? Explica tu respuesta.

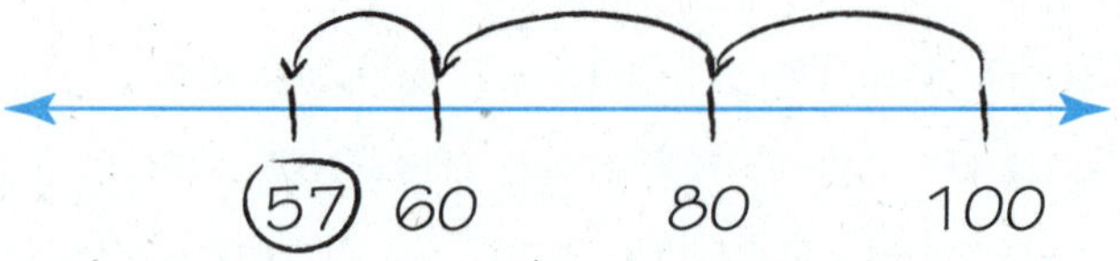

____

____

____

____

7. PIENSA MÁS Hay 52 dibujos en la pared. De estos, 37 son de felinos salvajes y el resto son de aves. ¿Cuántos dibujos son de aves?

Usa los números y los símbolos de las fichas cuadradas para completar el enunciado numérico del problema.

15	25	37	52	−	+	=

____

_______ aves

ACTIVIDAD PARA LA CASA • Pida a su niño que explique cómo resolvió un problema de esta lección.

Nombre ______________________

Álgebra • Escribir ecuaciones para representar la resta

Estándares comunes

ESTÁNDARES COMUNES—2.OA.A.1
Representan y resuelven problemas relacionados a la suma y a la resta.

Escribe un enunciado numérico para el problema. Usa una ■ en lugar del número que falta. Luego resuelve.

1. 29 niños fueron a la escuela en bicicleta. Después algunos de los niños se fueron a casa y 8 niños se quedaron en la escuela. ¿Cuántos niños fueron a casa en bicicleta?

____

_____ niños

Resolución de problemas En el mundo

Resuelve. Escribe o dibuja la explicación.

2. Había 21 niños en la biblioteca. Después de que 7 niños se fueron de la biblioteca, ¿cuántos niños se quedaron en la biblioteca?

_____ niños

3. ESCRIBE **Matemáticas** Describe maneras diferentes en las que puedes mostrar un problema. Usa uno de los problemas de esta lección como ejemplo.

____

____

____

____

Repaso de la lección (2.OA.A.1)

1. Cindy tenía 42 cuentas. Usó algunas cuentas para una pulsera. Le quedan 14 cuentas. ¿Cuántas cuentas usó para la pulsera?

   _____ cuentas

2. Jake tenía 36 tarjetas de béisbol. Le dio 17 tarjetas a su hermana. ¿Cuántas tarjetas de béisbol tiene Jake ahora?

   _____ tarjetas

Repaso en espiral (2.OA.B.2, 2.NBT.B.5)

3. ¿Cuál es la suma?

   $6 + 7 =$ _____

4. ¿Cuál es la diferencia?

   $16 - 9 =$ _____

5. ¿Cuál es la diferencia?

	4	6
−	3	9

6. Escribe una operación de suma que tenga la misma suma que $6 + 8$.

   $10 +$ _____

Nombre ______________________

Resolver problemas de varios pasos

Pregunta esencial ¿Cómo decides qué pasos seguir para resolver un problema?

Estándares comunes
Operaciones y pensamiento algebraico—2.OA.A.1
También 2.NBT.B.5

PRÁCTICAS MATEMÁTICAS
MP1, MP2, MP4

Escucha y dibuja *En el mundo*

Rotula el modelo de barras para mostrar cada problema. Luego resuelve.

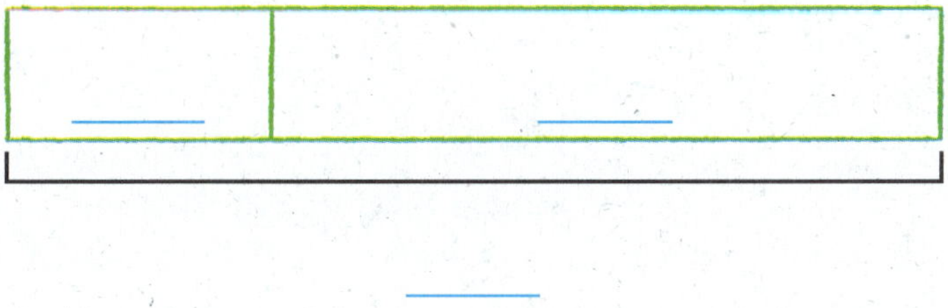

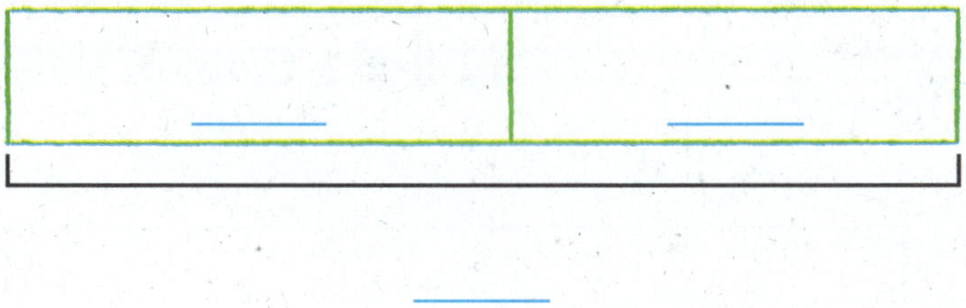

PARA EL MAESTRO • Lea este primer problema a los niños. Cassie tiene 32 hojas de papel. Da 9 hojas de papel a Jeff. ¿Cuántas hojas de papel tiene Cassie ahora? Después de que los niños resuelvan, lea este segundo problema. Cassie hace 18 dibujos. Jeff hace 16 dibujos. ¿Cuántos dibujos hacen en total?

Charla matemática PRÁCTICAS MATEMÁTICAS 1

Describe en qué se diferencian los dos modelos de barras.

Representa y dibuja

Los modelos de barras te ayudan a saber lo que debes para resolver un problema.

Ali tiene 27 sellos. Matt tiene 38 sellos. ¿Cuántos sellos más necesitan para tener 91 sellos en total?

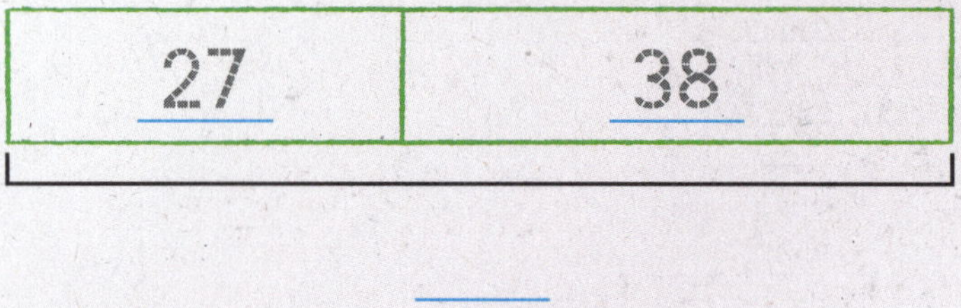

Primero, halla cuántos sellos tienen ahora.

Tienen ________ sellos en total.

Luego, halla cuántos sellos más necesitan.

Necesitan ________ sellos más.

Comparte y muestra MATH BOARD

Completa los modelos de barras con los pasos que sigues para resolver el problema.

PIENSA: ¿Qué debes hallar primero?

1. Jen tiene 93 cuentas. Ana tiene 46 cuentas rojas y 29 cuentas azules. ¿Cuántas cuentas más tiene Jen que Ana?

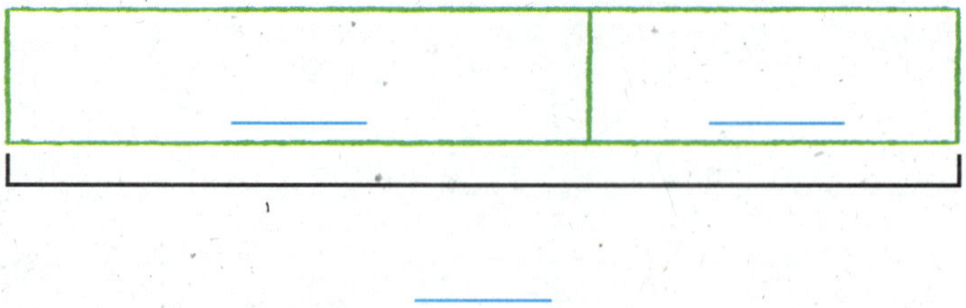

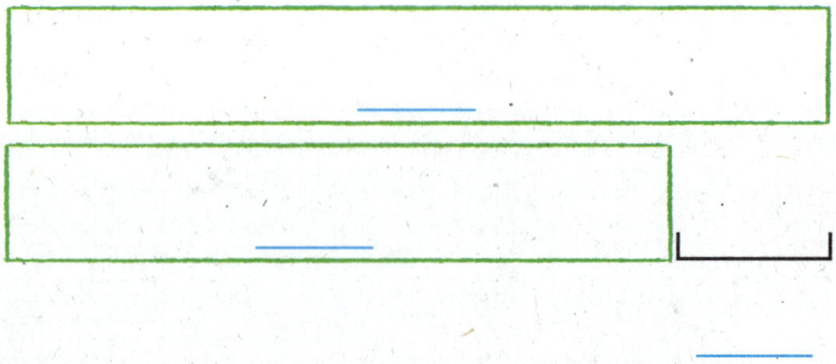

________ cuentas más

Nombre ______________________________

Por tu cuenta

Completa los modelos de barras con los pasos que sigues para resolver el problema.

2. Max tiene 35 tarjetas de colección. Compra otras 22 tarjetas. Luego da 14 tarjetas a Rudy. ¿Cuántas tarjetas tiene Max ahora?

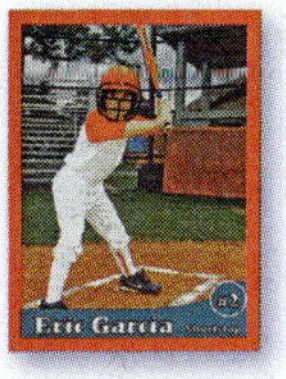

_______ tarjetas

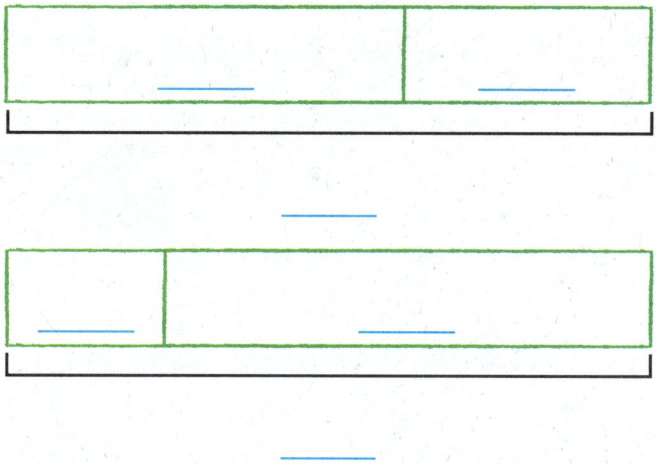

3. Drew tiene 32 carritos. Cambia 7 de esos carritos por otros 11 carritos. ¿Cuántos carritos tiene Drew ahora?

_______ carritos

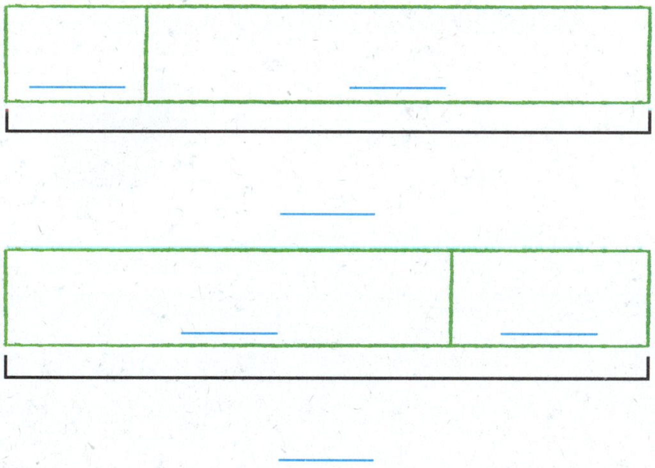

4. Marta y Debbie tienen 17 cintas cada una. Compran 1 paquete que contiene 8 cintas. ¿Cuántas cintas tienen ahora en total?

_______ cintas

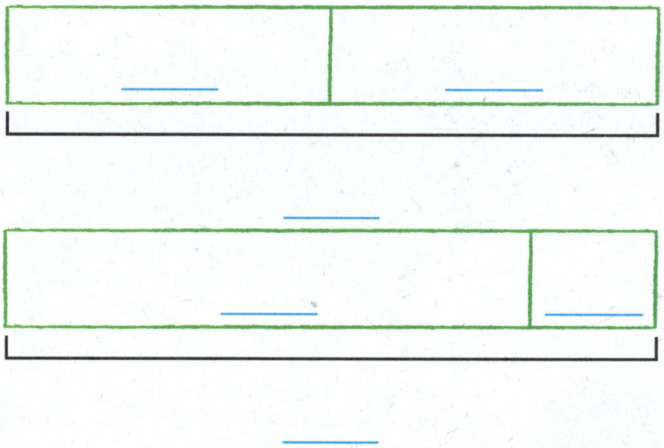

Resolución de problemas • Aplicaciones En el mundo

ESCRIBE Matemáticas

5. PIENSA MÁS Shelby tenía 32 piedras. Halla otras 33 piedras en el parque y da 28 piedras a George. ¿Cuántas piedras tiene ahora?

Matemáticas al instante

_______ piedras

6. MÁS AL DETALLE Benjamin halla 31 piñas en el parque. Juntas, Jenna y Ellen hallan el mismo número de piñas que Benjamin. ¿Cuántas piñas puede haber hallado cada niña?

Jenna: _______ piñas

Ellen: _______ piñas

7. PIENSA MÁS Tanya halla 22 hojas. Maurice halla 5 hojas más que Tanya. ¿Cuántas hojas encuentran en total?

Haz un dibujo o escribe para mostrar cómo resuelves el problema.

_______ hojas

ACTIVIDAD PARA LA CASA • Pida a su niño que explique cómo resolvería el Ejercicio 6 si el número 31 se cambiara por 42.

Nombre ______________________________

Resolver problemas de varios pasos

ESTÁNDARES COMUNES—2.OA.A.1
Representan y resuelven problemas relacionados a la suma y a la resta.

Completa los modelos de barras con los pasos que sigues para resolver el problema.

1. Greg tiene 60 bloques. Su hermana le da 17 bloques más. Usa 38 bloques para hacer una torre. ¿Cuántos bloques no usó en la torre?

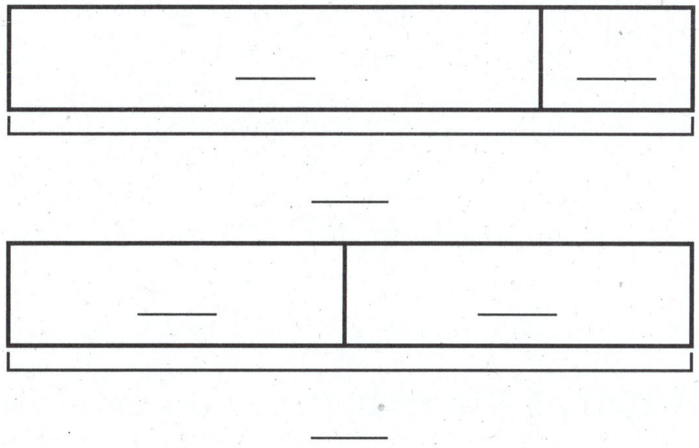

_____ bloques

Resolución de problemas En el mundo

Resuelve. Escribe o dibuja la explicación.

2. Ava tiene 25 libros. Regala 7 libros. Luego Tom le da 12 libros. ¿Cuántos libros tiene Ava ahora?

_____ libros

3. ESCRIBE **Matemáticas** Elige uno de los problemas de esta página. Describe cómo decidiste qué pasos tenías que seguir para resolver el problema.

____

____

____

____

Repaso de la lección (2.OA.A.1)

1. Sara tiene 18 crayones. Max tiene 19 crayones. ¿Cuántos crayones más necesitan para tener 50 crayones en total?

_____ crayones

2. Jon tiene 12 monedas de 1¢. Lucy tiene 17 monedas de 1¢. ¿Cuántas monedas de 1¢ más necesitan para tener 75 monedas de 1¢ en total?

_____ monedas

Repaso en espiral (2.OA.A.1, 2.NBT.B.5, 2.NBT.B.6)

3. ¿Cuál es la diferencia?

$58 - 13 =$ _____

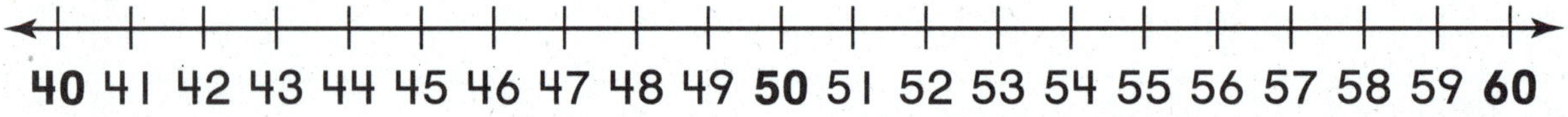

4. ¿Cuál es la suma?

$$\begin{array}{r|l} 4 & 7 \\ +\ 1 & 5 \\ \hline & \end{array}$$

5. Hay 26 tarjetas en una caja. Bryan toma 12 tarjetas. ¿Cuántas tarjetas quedan en la caja?

_____ tarjetas

Nombre ______________________________

Entrenador personal en matemáticas
Evaluación e intervención en línea

Repaso y prueba del Capítulo 5

1. ¿Necesitas reagrupar para restar? Elige Sí o No.

65 − 23	○ Sí	○ No
50 − 14	○ Sí	○ No
37 − 19	○ Sí	○ No
77 − 60	○ Sí	○ No

2. Usa la recta numérica. Cuenta del menor al mayor para hallar la diferencia.

52 − 48 = ______

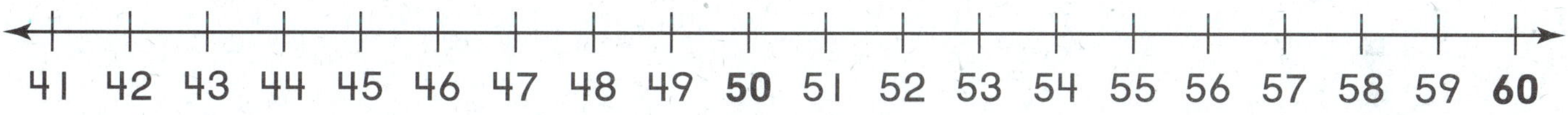

3. Ed tiene 28 bloques. Sue tiene 34 bloques. ¿Quién tiene más bloques? ¿Cuántos más? Rotula el modelo de barras. Resuelve.

Encierra en un círculo la palabra y el número de cada casilla para que el enunciado sea verdadero.

Ed / Sue	tiene	6 / 16 / 52	bloques más.

APRENDE EN LÍNEA
Opciones de evaluación
Prueba del capítulo

Separa el número que restas. Escribe la diferencia.

4. $42 - 8 =$ ______

5. $53 - 16 =$ ______

6. ¿Cuánto es $33 - 19$? Usa los números de las fichas cuadradas para reescribir el problema de resta. Luego halla la diferencia.

14   19   33   52

______
− ______
______

7. MÁS AL DETALLE El rompecabezas de Jacob tiene 84 piezas. Jacob junta 27 piezas en la mañana. Junta 38 piezas más en la tarde. ¿Cuántas piezas debe juntar Jacob para terminar el rompecabezas?

Completa los modelos de barras con los pasos que sigues para resolver el problema.

______ piezas más

Nombre ______________________________

Reagrupa si es necesario. Escribe la diferencia.

8.

	Decenas	Unidades
	☐	☐
	5	5
−	2	8

9.

	Decenas	Unidades
	☐	☐
	3	2
−	1	2

10. Halla la diferencia.

$$\begin{array}{r} 90 \\ -\ 62 \\ \hline \square \end{array}$$

Rellena el círculo que hay al lado de un número de cada columna para mostrar la diferencia.

Decenas	Unidades
○ 2	○ 1
○ 3	○ 2
○ 5	○ 8

11. Hay 22 niños en el parque. Cinco niños están en los columpios. El resto de los niños están jugando a la pelota. ¿Cuántos niños están jugando a la pelota?

○ 13 ○ 23 ○ 17 ○ 27

12. PIENSA MÁS Resta 27 de 43. Haz un dibujo para mostrar la reagrupación. Rellena el círculo al lado de todas las formas de escribir la diferencia.

- ○ 1 decena 6 unidades
- ○ 66
- ○ 6 decenas 1 unidad
- ○ 16

13. Jill colecciona sellos. Su álbum de sellos tiene espacio para 64 sellos. Necesita 18 sellos más para llenar el álbum. ¿Cuántos sellos tiene Jill ahora?
Escribe un enunciado numérico para el problema.
Usa un ■ en el lugar del número que falta. Luego resuelve.

____

Jill tiene ________ sellos.

14. Haz un dibujo rápido para resolver. Escribe la diferencia.

	Decenas	Unidades
	□	□
	6	2
−	2	5

Decenas	Unidades

Explica qué hiciste para hallar la diferencia.

____

____